HANS ADOLF DOMBOIS

Strukturelle Staatslehre

DUNCKER & HUMBLOT / BERLIN

Alle Rechte vorbehalten
Verlag Duncker & Humblot, Berlin-Lichterfelde
Gedruckt 1952 bei Alfa-Druck, Berlin W 35

HANS ADOLF DOMBOIS

Strukturelle Staatslehre

DUNCKER & HUMBLOT / BERLIN

Alle Rechte vorbehalten
Verlag Duncker & Humblot, Berlin-Lichterfelde
Gedruckt 1952 bei Alfa-Druck, Berlin W 35

Vorwort

Die nachfolgende Schrift ist einem dreifachen Antriebe entsprungen. Die Rechtswissenschaft, der auch der Verfasser seine Schulung und Ausbildung aufrichtig zu danken hat, hat doch die Fragen der Generation zwischen den Kriegen weithin ohne Antwort gelassen. Die akademische Rechtsphilosophie entbehrte vollends der Überzeugungskraft. Diese Dinge haben tragische Folgen gehabt. „Ihr laßt den Armen schuldig werden, dann überlaßt ihr ihn der Pein ..." Die Bemühung um neue Konzeptionen ist deshalb durch die Lage zwingend geboten. Aus dieser Not entstand die Arbeit eines Praktikers, der in langjähriger Beobachtung politischer Vorgänge eine eigene Stellung zum Staatsproblem entwickelte.

Die moderne Staatslehre hat aus bestimmten geistesgeschichtlichen Gründen ihrer eigenen Systematik grundsätzlich nur sekundäre Bedeutung beigemessen und zugleich formal-idealistisch den Staat als zeitlosen Begriff, als Idee behandelt, die kein Ende, keinen Tod kennt. Diese Abwertung der Systematik bedeutet jedoch immer auch einen Verzicht auf bestimmte Erkenntnismöglichkeiten. Im Gegensatz dazu ist hier versucht worden, das Wesen des Staates in lückenlos ineinandergreifender Entwicklung und damit eben „strukturell" zu erfassen, Sache und System zur Deckung zu bringen. Nur so läßt es sich rechtfertigen, einen solchen Gegenstand in dieser Knappheit unter Verzicht auf einen wissenschaftlichen Apparat zu behandeln. Nirgends ist eine solche Aufgabe schöner beschrieben worden als in den Worten Rudolf Sohms über das Decretum Gratiani:

> In seinem System des kanonischen Rechts entwickelt Gratian den Begriff des kanonischen Rechts ... Das Wesen des behandelten Gegenstandes ist zum Gesetz seiner künstlerischen Gestaltung geworden. Die Idee, die der Stoff selber in sich trägt, ist befreit und in die Herrschaft über die Gesamtdarstellung eingesetzt, so daß in allen Einzelheiten, in jedem Tropfen des Ozeans der Rechtssätze das Licht des Geistes sich widerspiegelt, der das Ganze geschaffen hat. (Das altkatholische Kirchenrecht und das Decret Gratians-Festschrift der Leipziger Juristenfakultät für Adolf Wach, 1917, § 5, S. 57.)

Wir wissen freilich heute, daß mit jeder Methodik — positiv oder negativ — unausweichlich Vorentscheidungen getroffen werden; es gibt keine

Wissenschaft ohne den Gelehrten. Die Preisgabe ideal-begrifflicher Zeitlosigkeit läßt den Staat aus einer Idee, aber auch aus einer normativen Ordnung zu einer Lebensform von existentieller Notwendigkeit werden. Gerade dadurch gewinnt das Problem theologische Transparenz. So bedeutet die Schrift zugleich eine Frage an die Theologie. Zu dieser Frage besteht um so mehr Anlaß, als die Erörterung des Problems der Ordnungen auf der evangelischen Seite fast zum Erliegen gekommen ist, seitdem Karl Barth und Emil Brunner sie auf die Fragen von Rechtfertigung und Gerechtigkeit verlagert haben. Die Theologie der Offenbarung wird Veranlassung haben, die notwendigen Grenzen gegenüber der natürlichen Theologie zu überprüfen, je mehr sie die Aussagen der Dogmatik in den Lebensformen des Menschen wiederfindet. Dann aber ist es nötig, das Staatsproblem im Zusammenhang der Ordnungen überhaupt, innerhalb eines Gesamtgefüges unablösbarer Lebensformen, neben Kirche, Recht, Ehe und Ökonomie zu sehen. Ihre Darstellung in der gleichen methodischen Form strukturellen Denkens müßte also folgen. Erst nach diesem „Allgemeinen Teil" kann man die geschichtlichen Lösungen dieser Ordnungsprobleme in ihrer Entwicklung darstellen. Ein solcher „Besonderer Teil" müßte die Soziallehren der vier großen christlichen Konfessionen und der politischen Weltanschauungsgemeinschaften umfassen. Beides läßt sich freilich in der Darstellung nicht ganz in dem Maße trennen, wie dies ursprünglich versucht wurde. Deshalb ist die von der rechts- und staatswissenschaftlichen Fakultät der Universität Göttingen 1950 als Dissertation angenommene Arbeit in einigen Teilen noch erweitert worden.

Schließlich hat eine Arbeit über einen politischen Gegenstand auch einen politischen Aspekt. Eine Generation, die in dreißig Jahren dreimal das politische System gewechselt hat, wird unausweichlich auf die Frage nach den „unwandelbaren Grundlagen des Staates" — um einen Buchtitel zu nennen — geführt. Die politische und moralische Verurteilung des Nationalsozialismus hat in den letzten Jahren eine tiefgreifende Besinnung auf eigene Fehler und Versäumnisse in verhängnisvoller Weise verhindert. Dem Werke Preuß' fehlte jener Funke schöpferischer Eingebung, der auch den vergänglichen Gestaltungen des Menschen den Rang der Geschichtlichkeit und damit echte Überzeugungskraft verleiht. Nicht die Reaktion der Alten, sondern die Enttäuschung der Jungen hat 1933 die Republik widerstandslos zusammenbrechen lassen. Unter dem Druck von Krieg, Gestapo und Galgen lebte mehr von dieser Selbsterkenntnis als später in Freiheit unter dem Einflusse eines falschen republikanischen Konservativismus. Trotzdem ist hier um der Grundsätzlichkeit der Arbeit willen darauf verzichtet worden, der Schrift eine verfassungspolitische Kritik von Weimar und Bonn anzuschließen. Sie wirbt vielmehr um Verständnis dafür, daß Verfassungsprobleme nur nach der einen Seite geschichtlich-freier Gestaltung unterliegen, daß es aber auf der anderen Seite echte Grundformen und Grundprobleme gibt, deren Verkennung sich straft.

Eine Staatslehre zu schreiben, gleicht heute in manchem der Abfassung einer Leichenrede. Auf der einen Seite wird in zunehmendem Maße der Staat als ein öffentliches Gemeinwesen ausgehöhlt durch die umfassenden Machtansprüche geschlossener Massenorganisationen, die seine Struktur aufheben und die politischen Probleme in ihren eigenen Bereich verlagern. Auf der anderen Seite wetteifern die gegensätzlichsten Richtungen darin, den Staat zum Feinde, zum negativen Mythos zu machen. Aber weder der Versuch der Erlösung vom Politischen durch weltliche Heilslehren noch die brutale Erhebung desselben zum höchsten Wert — national oder sozial — löst das Staatsproblem, läßt es vielmehr erst recht hervortreten. In diesem Zusammenhang und insbesondere zu Kapitel 5 darf auf eine ergänzende Schrift des Verfassers „Politische Gerichtsbarkeit" (Verlag Kirche und Mann, Gütersloh 1950) hingewiesen werden.

Fulda, im Herbst 1951

Hans Dombois

Inhalt:

Erster Teil: Ontologie des Staates 9

1. Kapitel:
Geist des Staates; institutionelle Souveränität — Unableitbarkeit 9

A. Entstehung des Staates 9
   Phasen und Elemente:
   1. Substanz: Volk als Wesensgemeinschaft 12
   2. Bewußtsein: Nation als Bewußtseinsgemeinschaft 14
   3. Wille: Staat als Willensgemeinschaft 14

B. Erhaltung des Staates 23
   1. Kontinuität der Substanz 24
   2. Kontinuität des Bewußtseins 25
   3. Kontinuität des Willens 26

2. Kapitel:
Raum des Staates — Gebiet — Ausschließlichkeit 27
   Elemente des Gebietsbegriffs:
   1. Landgebiet 27
   2. Hauptstadt 30
   3. Grenze 32

3. Kapitel:
Zeit und Ende des Staates — Eschatologische Souveränität — Unaufhebbarkeit 34

A. Gemeinschaft: Staat, Völkerrechtsgemeinschaft und Glaubensgemeinschaft 34
Autarkie und Aufhebung der Grenzen als Grenzwerte

B. Gericht 40
   Ende des Staates durch: 40
   1. Krieg 40
   2. Revolution 41
      a) substantielle 41
      b) ideologische 41
      c) politische 43

Selbstbehauptung des Staates durch: 44
1. Krieg
2. Diktatur

Krieg und Revolution als Alternativen gewaltsamer politischer Entscheidung; „Ob" und „Wie" als teleologische Fragen.

Zweiter Teil: Teleologie des Staates — Zwecke, Funktionen und Stände 47

4. Kapitel:
Die Staatszwecke (Machtzweck — Wohlfahrtszweck — Rechtszweck) 47

5. Kapitel:
Die Staatsfunktionen 52
- A. Funktionen des Machtzwecks.................................... 52
  1. Außenpolitik, Heer, Staatssymbolik, Staatsliturgie..................... 52
  2. Innenpolitik, politische Polizei 54
  3. Politische Gerichtsbarkeit 56
- B. Funktionen des Wohlfahrtszwecks 56
  1. Eigenwirtschaft des Staates 57
  2. Kultur- und Wirtschaftspolitik — Verwaltungspolizei 58
  3. Verwaltungsgerichtsbarkeit 58
- C. Funktionen des Rechtszwecks — Reproduktion des sittlichen Bewußtseins ... 59
  1. Richteramt
  2. Lehramt
  als Mittel der sittlichen Integration.

6. Kapitel:
Die Stände als Träger der Staatsfunktionen (materielle Ständelehre) 60
- A. 1. Charismatischer dualistischer Einheitstypus........................ 60
  2. Ständische Differenzierung 61
  3. Barocker absolutistischer Einheitstypus 62
- B. 1. Rationaler monistischer Einheitstypus 62
  2. Technische Differenzierung 63
  3. Moderner absolutistischer Einheitstypus 63

Dritter Teil: Soziologie des Staates — Elemente der Verfassung 65

7. Kapitel:
System der Verfassungselemente (Formale Ständelehre) 65

8. Kapitel:
Die Verfassungselemente im einzelnen.................................. 79
- A. Institutio — Monarchie 79
- B. Consensus — Demokratie... 82
- C. Ordo — Aristokratie.. 86

9. Kapitel:
Formen der Integration (persönliche — funktionale — sachliche) 89

Erster Teil
Ontologie des Staates

1. Kapitel
Geist des Staates — institutionelle Souveränität — Unableitbarkeit

A. *Entstehung des Staates*

Die erste Frage, an der sich ein tragendes Merkmal des Staatsbegriffes entwickeln läßt, ist die nach seiner Entstehung. Jellinek unterscheidet hier in seiner Allgemeinen Staatslehre (S. 259) zwei Fragen, die nach dem geschichtlichen Anfang des Staates überhaupt und die nach der Bildung neuer Staaten innerhalb der entwickelten Staatenwelt als die der primären und der sekundären Staatsbildung. So verschieden indessen Formen und Umstände der Staatsbildung zur Zeit nomadisierender Stämme in grauer Vorzeit oder im hellen Lichte einer sich mit schriftlicher Überlieferung vollziehenden Geschichte sein mögen: der entscheidende Vorgang muß der gleiche sein — sonst müßten den Ergebnissen der sekundären Staatsbildung abweichende Merkmale anhaften bleiben. Das Ergebnis jedoch sind in beiden Fällen Staaten, denen niemand ansieht, ob sie so oder so entstanden sind. Ja, diese überschaubaren Vorgänge mögen uns den Rückschluß auf Geschehnisse erlauben, die der Mythos allein auf ein Datum zusammendrängt, wie die Sage die Gründung Roms auf das Jahr 753 v. Chr.

Nun sind wiederum zwei Formen der sekundären Staatsgründung erkennbar: die kriegerisch-revolutionäre und die friedliche. Im Wege einer außenpolitischen Revolution sprengen die sieben niederländischen Provinzen den spanischen, die nordamerikanischen Kolonien den britischen Staatsverband und behaupten ihre neue Selbständigkeit im Kampfe. Im Gegensatz dazu steht die friedliche Neubildung von Staaten innerhalb eines Staatsverbandes durch Teilung (Nord- und Südkarolina), Zusammenschluß (Thüringen 1920) oder Erhebung von bisherigen Verwaltungsbezirken zur staatlichen Selbstbestimmung (Alaska, brasilische Provinzen). Auch diese beiden Formen müssen also übereinstimmend die gleichen Merkmale, den gleichen Grundvorgang erkennen lassen. Jellinek gibt aus dem Bundesstaatsrecht der Vereinigten Staaten hierfür einen Hinweis von großer grundsätzlicher Bedeutung. Er betont, daß die Bildung eines neuen Teilstaates der Union niemals primär Akt der Bundesgesetzgebung sei. Diese trete in der Form der sogenannten Enabling-Act vollständig zurück und gebe den Raum frei für eine selbständige Konstitution des neuen Staates durch seine zukünftigen Bürger.

Erst nach und auf Grund dieser Konstitution des neuen Staates erkennt ihn dann der Bund als sein Glied an. Das gleiche gilt für das Reichsstaatsrecht. Das Reichsgesetz über die Bildung des Landes Thüringen setzt den Unionsvertrag der sieben thüringischen Teilstaaten voraus und anerkennt ihn als Reichsrecht; aber das Reich vermag diesen Vertrag nicht selbst zu schließen. Der Zivilrichter kann die Zustimmung einer sich rechtswidrig weigernden Prozeßpartei durch seinen Spruch ersetzen; für jenen staatsrechtlichen Akt ist das Gleiche grundsätzlich nicht möglich. Es gibt hier keine Vertretung im Willen und keine Ableitung aus einer übergeordneten Rechtsordnung. Die übergeordnete Bundesrechtsordnung mag den neu geschaffenen Zustand als ihren Grundsätzen entsprechend anerkennen, aber sie vermag ihn nicht zu schaffen. Etwas ganz Ähnliches aber geschieht mit der diplomatischen Anerkennung der revolutionären Losreißung und Verselbständigung eines neuen Staates durch die übrige Staatenwelt — einschließlich des früheren Mutterstaates, sobald dieser es aufgegeben hat, die Abgefallenen wieder in seinen Verband hineinzuzwingen. Einem aus jeder vorausgegangenen Rechtsordnung **unableitbaren** ursprünglichen politischen **Schöpfungsakt** folgt erst die rechtliche Form und Anerkennung. Mit Recht gebraucht Jellinek — wenn auch nur in der Abwehr einer juristischen Theorie der Staatsgründung — das Bild der Zeugung: „Rechtliche Tatsachen gehen der Zeugung menschlicher Individuen voran und knüpfen sich an sie an. Der Zeugungsakt selbst aber liegt gänzlich außerhalb des Rechts" (S. 267). Unabhängig von jeder organologischen Betrachtung ist festzustellen: Der Staat verdankt seine Entstehung einer ursprünglichen, unableitbaren politischen Setzung, einer **Institution**. Die Unableitbarkeit dieses Setzungsakts zeigt das erste notwendige Merkmal der Ontologie des Staates, die

institutionelle Souveränität.

Dieses Merkmal besteht unabhängig von der Frage, ob und wieweit jeder Staat wie jedes Lebewesen im Augenblick seiner Entstehung der tatsächlichen Duldung und Anerkennung der Umwelt zu seiner Existenz bedarf. Ein Staat, der dem Willen eines anderen Existenz und Form verdankt, ist in eben dem Maße kein Staat — das ist eine axiomatische Tatsache, über die keine Macht sich hinwegzusetzen vermag — alles ist ersetzbar, nur das eigene und selbständige spontane Leben nicht.

Der Charakter der Setzung drückt sich insbesondere in der Namengebung aus. Der Mensch wie das Volk erhalten ihren Namen von den Eltern oder den Nachbarn, oder aber in gleichsam spielender Selbstbezeichnung nach der Art eines Übernamens. Der Staat allein gibt sich seinen Namen als wesensbestimmende, scharf begrifflich umrissene und als fortwirkendes Symbol hochgehaltene Bezeichnung mit voller Bewußtheit selbst.

In jenem Merkmal liegt auch der Grund, weshalb internationalen Verträgen, die wesentliche Teile eines Staates abtrennen oder grundlegende Souveränitätsrechte einseitig entziehen, nur auf dem Wege der Gewalt Gültigkeit, nicht aber echte Anerkennung verschafft werden kann. Man kann nur auf verfügbare Dinge, auf materielle Güter, Kolonien und sonstigen Außenbesitz verzichten; auf wesensbestimmende Merkmale der eigenen Existenz, auf zentrale Funktionen des Lebens dagegen nicht. Jeder lebende Körper muß notwendig, wo er beschnitten wird, Ersatzorgane ausbilden oder schwere Ausfallserscheinungen erleiden. Kein starres System geschriebener Verträge kann wie das Testament eines herrschsüchtigen alten Bauern das künftige Leben über ein gewisses Maß hinaus in seine Fesseln schlagen; auch das verbriefte Recht eines Shylock endet dort, wo es das Zentrum des Lebens, den Herzschlag des Blutes anzutasten unternimmt. Die Hartnäckigkeit, mit der Frankreich die Wiederherstellung seines 1871 beschnittenen Staatsgebietes betrieben hat und die geringe politisch-psychologische Bedeutung der großen kolonialen Erwerbungen, die Deutschland im Interesse der Beruhigung des besiegten Gegners begünstigte, ist ein gutes Beispiel dafür. Dasselbe Frankreich aber versuchte der Beschneidung der deutschen Souveränität im Versailler Vertrag Ewigkeitsbedeutung zu verleihen. Das ist ein Verstoß gegen politische Denkgesetze, der zu schweren Folgen geführt hat. Die außenpolitische Erfolglosigkeit der deutschen republikanischen Regierungen in den wesentlichsten Fragen der Staatshoheit und des Gebietes ist ein Faktor ersten Ranges für die Durchsetzung des Nationalsozialismus gewesen. Der Versuch, die Außenpolitik auf die Leugnung der politischen Existenz seines deutschen Nachbarn zu gründen, ist die Ursache der gefährlichen Unfruchtbarkeit der französischen Außenpolitik. Sie hat an Stelle der konstruktiven Neuordnung der europäischen Verhältnisse in zwei Weltkriegen zunächst die Balkanisierung Südosteuropas und dann mit der Zerstörung der zweiten deutschen Großmacht, Preußens, nur die Vorherrschaft Rußlands in Europa begründet. —

Bleiben wir nun zunächst bei der Sonderform der revolutionären Staatsbildung. Der revolutionäre Entschluß, gegen eine befestigte und formell in unbestrittener Rechtmäßigkeit bestehende Staatsgewalt die Freiheit einer eigenen und unabhängigen politischen Existenz zu erkämpfen, setzt eine Einigung seiner Träger auf Leben und Tod voraus, die über den Charakter des Vertrages aus dann weit hinausgeht, wenn sie sich aus ideologischen Gründen in die Form des Vertrages kleidet. Ihre typische Form ist nicht der Vertrag, es ist die Verschwörung, die Eidgenossenschaft. Diese muß die Kraft haben, den Einsatz der ganzen Existenz zu fordern, und sie kann es nur, wenn sie eine den ganzen Menschen umfassende, eine im modernen Sinne „existentielle" ist. Das Entscheidende ist die letzte Freiheit des Entschlusses, die höhere Nötigung vor die niedrige, alltägliche zu setzen, Gott oder dem Gesetz in der eigenen Brust mehr zu gehorchen als den Menschen, sich zu waffnen gegen eine See von Plagen. Das bloße Bestreiten des entgegengesetzten Rechtsanspruchs hat noch nichts zu besagen; es hat noch Platz, wo die

Spielregeln des Parlaments und des Prozesses noch gelten. Wo die revolutionäre direkte Aktion in Kraft tritt, ist die Rechtsordnung aufgehoben. Ob sich eine neue an sie wiederum anschließt, ist eine zweite Frage. Nicht allein wegen ihrer allgemeinen Gefährlichkeit, sondern aus jenem präzisen Grunde wird mit vollem Recht jede bloße Teilnahme an einer hochverräterischen Verbindung dem Hochverrat selbst gleichgestellt. Dieser aber ist, solange er noch bestraft werden kann, immer ein mißlungener Versuch. Welch merkwürdige Straftat, die niemals vollendet werden kann, weil sie bei der Vollendung von selbst nicht mehr strafbar ist, und zwar aus einem rein tatsächlichen Grunde! Der Hochverrat als spezifisch politisches Delikt zeigt den Charakter der politischen Einung, der Bündigung sehr deutlich als den Keim eines entstehenden neuen Staates. Dieser steckt in jeder revolutionären Bewegung, die mehr ist als eine Meuterei oder intellektuelle Spielerei. Denn man setzt das gegenwärtige Leben nicht von ungefähr und willkürlich an das zukünftige. Der einzelne mag willkürlich handeln; eine revolutionäre Bewegung als Ganzes kann nicht aus bloßer Willkür entstehen. Sie enthält drei Phasen oder Elemente, je nachdem man auf den zeitlichen Ablauf oder auf die Struktur blickt.

1. Substanz

Erstens muß eine substantielle Grundlage vorhanden sein. Was geschichtliche Substanz ist, ist ebensowenig zu definieren, wie organisches Leben durch die chemische Analyse allein zu erfassen ist, mag man auch alle seine Elemente in ihrer bloßen Quantität darstellen. Ihre Wachstumsfähigkeit ist von Kräften abhängig, die qualitativer, nicht quantitativ-mechanischer Art sind. Sicher ist, daß ein gewisses Maß von Homogenität erforderlich ist. Dies bedeutet nicht, daß ein Element in chemischer Reinheit für sich allein vorhanden sein muß. Im Gegenteil. Wie selbst das edle Gold wegen seiner Weichheit nicht ohne Legierung praktisch verwendbar ist, so ist auch die Mischung bestimmter Elemente, Eigenschaften und Kräfte, die anlagemäßig in verschiedenen menschlichen Gruppen vorhanden sind, auch für die Gemeinschaftsbildung wesentlich. Aber ebenso sicher müssen die Elemente zueinander passen, sich gegeneinander binden lassen und nicht sich gegenseitig bekämpfen und zersetzen. Nicht reine Homogenität, sondern eine homogene Legierung von innerer Konstanz ist erforderlich. Geschichtliche Substanz sind also Menschen, aber nicht eine beliebige Anhäufung von zufälligen Einzelnen. Ohne Gemeinschaftsfähigkeit wird aus ihnen niemals ein geschichtliches Gemeinwesen entstehen. Ein jeder Mann kann mit einer beliebigen Frau Kinder erzeugen; eine Ehe kann er mit ihr nur führen, wenn zwischen ihnen eine wesenhafte Bezüglichkeit besteht, die über das rein Physische und Äußerliche hinaus eine beständige Gemeinschaft ermöglicht. Ebenbürtigkeit ist kein Anspruch des blauen Blutes, sondern eine sachliche Voraussetzung für jede Ehe. Sie wird nur dort zum strengen System ausgebildet, wo die Erhaltung des Familienstammes in seinem Wesen von entscheidender Bedeutung ist, wie dies für jede Dynastie der Fall ist. Ehe und Staat als Lebensformen sind auf allen Stufen der Betrachtung von genau gleicher Struktur.

Aus jenem substantiellen Grunde aber sind in erster Linie Völker als Fortpflanzungsgemeinschaften Träger geschichtlicher Staatsbildungen. Sind es nicht ganze Völker, so doch Teile von solchen, Stämme, Kantone, Stadtrepubliken, Ausschnitte aus einer größeren völkischen Gemeinsamkeit, die deren Homogenität und spezifische Legierung als Merkmal an sich tragen. Auch wer den Klassencharakter staatlicher Herrschaft behauptet, kann als Moment der Abgrenzung und damit der Staatsbildung kein der völkischen Gemeinsamkeit auch nur annähernd vergleichbar wirksames Element geschichtlich nachweisen. Auch scheinbar übervölkische Staaten sind kein Beweis für das Gegenteil. Auch die traditionelle Einheit der österreichisch-ungarischen Monarchie wurde weitgehend durch die Deutschen und Ungarn als Staatsvölker getragen. Auch für die Vereinigten Staaten ist das volksmäßig-traditionelle Element ihrer Wesensart'das Angelsachsentum, welches den geistigen Gehalt, den staatlichen Stil und die Rechtstradition bestimmt, und welches sorgsam darüber wacht, daß der Anteil der Angelsachsen und der angleichbaren Nordländer und Deutschen gegenüber dem bunten Gemisch sonstiger Völker nicht vermindert wird. Wenn Jahrhunderte hindurch in weiten Gebieten nicht die Völker als Ganzes, sondern dynastische Bildungen, kantonale und munizipale Einheiten das geschichtliche Bild beherrschten, so tragen diese doch im Großen gesehen Ersatz- und Teilcharakter. Der einzelne Stamm, der Kanton, ja die Gemeinde vermag die Aufgaben zu übernehmen, wenn der größere Zusammenhang schwach wird oder aufgelöst erscheint.

Der wesentlichere Einwand gegen die Auffassung von der staatsbildenden Funktion der Völker ist die Tatsache, daß das moderne Nationalitätenprinzip offensichtlich nur eine zeitlich begrenzte Phase bedeutete und sich durch den mißlungenen Versuch, die Staatsgrenzen mit den Volksgrenzen rein zur Deckung zu bringen, selbst ad absurdum geführt hat. Dies betrifft nur die Form und den Grad der Bewußtheit, nicht die objektive Gegebenheit der Substanz. Aber in Wahrheit sind heute die Staaten in höherem Grade als je zuvor darauf bedacht, durch Austreibung oder rücksichtslose Einschmelzung aller Fremdbestände und Minderheiten das Ziel der Homogenität zu erreichen. Wo aber heute die Idee des Nationalstaates durch übernationale Bildungen, durch die Entstehung größerer Unionen abgelöst wird, ist dies mit der Rückbildung der Hoheit des einzelnen Staates verbunden und gehört damit systematisch in den Problembereich der Begrenzung, der Auflösung und des Unterganges des Staates, seines Endes, nicht in den Bereich seiner Entstehung.

2. Bewußtsein

Diese Gemeinschaft der Substanz, der Wesensart, muß dann zum Bewußtsein kommen, damit sie in die Geschichte eintreten kann. Dies ist keineswegs die notwendige Folge jeder möglichen politischen Gemeinsamkeit. Wenn Völker tausend Jahre ohne dieses Bewußtsein gelebt haben, bis die Romantik und das Nationalitätenprinzip sie zum bewußten politischen Leben erweckten, so ist nicht einzusehen, warum diese Entwicklung als notwendige angesehen werden müßte.

Dieses Bewußtsein wird durch nichts stärker ausgelöst, welcher Art es auch immer sein mag, als durch die Erfahrung des Gegensatzes, der Andersartigkeit. Sie gibt den Anlaß, die eigene Art des Seins, Lebens, Denkens zu betonen und sich an Hand dessen abzugrenzen. Das unbefangene Selbstbewußtsein sieht sich freilich nicht in der Negation, sondern begreift umgekehrt die ganze Summe der Fremden als die im eigentlichen Sinne Nicht-Existenten, als die Barbaren und Heiden, die an den wesentlichen Gütern des Lebens keinen Anteil haben. Dieses Selbstbewußtsein entsteht auch keineswegs überall zugleich und in der gleichen Stärke. Der Freiheitskampf der Schweizer und Niederländer wurde von den Urkantonen und den sieben nördlichen Provinzen zunächst geführt, die sich dann allmählich die übrigen Teile des alpenländischen Alemannentums und des niederländischen Volkes anzugliedern verstanden. Aber obwohl Antwerpen und Brabant diesen Kampf mit nicht geringerer Leidenschaft mitgeführt haben, ist es geschichtlich doch nicht gelungen, die politische Einheit des ganzen niederländischen Volkstums herzustellen. Die Verschiedenheit auch eines unfreiwilligen geschichtlichen Schicksals hat zwischen Holländern und Flamen ohne jede Volksgrenze wirksame Unterschiede des geschichtlich-politischen Bewußtseins aufgerichtet, die der theoretischen Forderung des Nationalitätenprinzips widersprechen.

3. Wille

Von dem Bewußtsein der Gemeinsamkeit bis zum Willen staatlich politischer Selbstbehauptung ist nur ein kleiner, aber doch noch sehr grundsätzlicher Schritt. Auch er muß erst noch aus freiem Willen gegangen werden. Ein altes Kulturvolk wie die Chinesen war sich seiner gemeinsamen Wesensart in einem großartigen Gefühl der kulturellen Überlegenheit gegenüber der übrigen Völkerwelt wohl bewußt. Aber es ertrug jahrhundertelang die Fremdherrschaft einer Minderheit kriegerischer Mandschus, weil die staatliche Selbstbehauptung ihm nicht mehr als ein sittlich erstrebenswertes Ziel erschien, weil es nicht mehr die Willenskraft, die Vitalität und die militärische Organisierbarkeit aufbrachte, die dazu gehörte. Dieser vitale Wille aber ist es, der schließlich die revolutionären Erscheinungen auslöst, unter denen Staaten entstehen und ihre Unabhängigkeit behaupten.

Dieser dreigliederige Vorgang ist vergleichbar der Mechanik eines Kompressionsmotors. In dem Gefäß des Hubraums ist ein zündungsfähiges, homogenes, sich nicht selbst zersetzendes Gemisch erforderlich; dieses wird durch den Kolben des Gegensatzes komprimiert, und der zündende Funke des Willens entflammt es zur Aktion. In dieser Konstruktion ist das Geheimnis der Bewegung auf ein Schema gebracht und in einfacher Form ausgenutzt. Alles Leben aber ist Bewegung. Diese vergleichsweise primitive Homunculusmechanik des Motors gibt nur sehr grob und annäherungsweise das wieder, was das biologische und wiederum auf einer höheren Stufe das geistig-soziale Leben schematisch betrachtet darstellt. In der Eizelle als abgegrenzter und homogener Substanz bildet sich durch die Befruchtung ein Wachstumszentrum, ein Schwerpunkt, der die Fähigkeit und Tendenz hat, diese Substanz sich zuzuordnen, sich heranzuorganisieren. Was dort die mechanische Kompression ist, ist hier die Organisation der Keimsubstanz, die zu Gliedern entwickelt und umgeformt wird. Schließlich aber sprengt das voll ausgebildete neue Lebewesen unter wehenartigen Schmerzen und Zerstörungserscheinungen die alte Hülle in Freiheitskriegen und Revolutionen. Das neue Leben setzt sich rücksichtslos über das alte hinweg. Es ist die Kraft der Selbstsetzung, die mit der ungebrochenen Unbefangenheit der Jugend nur sich selbst sieht, mag sie auch die Güter der Vergangenheit damit zerstören. Ein Geist ist es, der mit der substantiellen Anlage gegeben ist, nach dessen Gesetz diese Entwicklung bewußt antritt und sich im aktiven Willen vollendet. Die materielle Gemeinsamkeit muß vorgegeben sein; der Staat als Ausdruck bewußten Selbstbehauptungswillens ist Setzung, ist Institution.

Wenn im Bereich des Mechanischen der Gegensatz des Kolbens, im Bereich des Organischen die organisierende Kraft des Wachstumszentrums die Voraussetzungen für die Bewegung des neuen selbständigen Lebens schaffen, so vereinigt das geistig-soziale Geschehen beides. Die gewaltsame feindliche Bedrohung der Existenz von außen wie die friedliche Erfahrung organisierten Zusammenlebens erzeugen beide zusammen die Reflexion des Bewußtseins, die wie eine zweite Existenz spiegelnd neben die bloße tatsächliche tritt. Zwischen ihnen beiden besteht ebenso eine Wechselbezüglichkeit wie zwischen ihnen beiden zusammen als dem Gehalt und dem bloßen formalen Willen. Der Grundschema des mechanischen und organischen wie des geistigen Lebens ist daher das einer doppelten Polarität, einer doppelten Dialektik. Die natürliche Liebe zum Eigenen wie die Furcht vor dem Fremden wirken bei der Entstehung politischer Lebensformen zusammen; das Politische hat diese Ambivalenz mit dem Phänomen des Religiösen gemeinsam.

Der Wille zur Selbstbehauptung eines Ganzen enthält zwei polare Kräfte. Die frühe abendländische Geschichte zeigt uns in den Anfangsabschnitten der Staatsbildung beide in klassischen, aber extremen Beispielen. Der spröde Individualismus des unverfälschten Germanentums, den die Norweger- und

Isländer-Sagas atmen, offenbart eine Fülle ungebrochener, ja starrer Charaktere, die sich in ihren unaufhörlichen Kämpfen verzehren. Nur schwer sind sie in eine geschlossene Ordnung einzufügen. Auf der anderen Seite überliefert die Gründungssage Rußlands, daß die slawischen Völker unterwerfungsbereit, aber nicht herrschaftsfähig sich aus dem Norden staatengründende Herrscher gerufen hätten. Mythos oder Wirklichkeit — es enthält eine echte Wahrheit. Die ungewöhnliche und dem Westen so gefährlich erscheinende Kraft der preußischen Staatsbildung erklärt sich aus der Mischung beider Elemente. Wichtig ist weit mehr die Erkenntnis, daß beides Kräfte sind, die aktive wie die tragende. Das Bild der Polarität darf nicht vergessen lassen, daß diese nur vorhanden ist, wo ein magnetisches Kraftfeld besteht. Der in Schulaufsätzen zu Tode gewalzte Gegensatz von Individuum und Gemeinschaft ist schon in den Ursprung des Staates hineingebettet und bezeichnet nur zwei Seiten der gleichen Sache — schöpferische Kraft wie Bindungsfähigkeit. Den Gegensatz zu dieser Kraft der Selbstbehauptung und der Selbstbindung bildet die soziale Neurasthenie der Gegenwart. Auf der einen Seite steht der hysterische Individualismus der Halbgebildeten, deren kostbare Persönlichkeit sich gegen jede echte Pflicht, gegen jedes echte Opfer wehrt — ein Intellektueller ist ein Mensch, der nicht an einem verbindlichen Gegenüber gebildet ist. Auf der anderen Seite steht dumpf wie die brüllende Dampfwalze einer Büffelherde der Kollektivismus des modernen Massenmenschen, der alles vor sich niedertrampelt, was außerhalb seines Begriffsvermögens steht. Diese Entartung zeigt sich am klarsten in den beiden sozialen Grundformen, in der Ehe und dem Staat. Die erotische Neurasthenie, die zur echten wesensmäßigen Bezüglichkeit wie zur kontinuierlichen Bindung unfähig ist, zeigt sich in der sprunghaft steigenden Scheidungsziffer der europäischen Völker; es ist ein Individualismus der Schwäche; ihr steht die Massenexistenz des Menschen im modernen Staat gegenüber, der zur Individualisierung ebenso immer unfähiger wird. Was ehedem in beiden Richtungen Kraft war, ist jetzt Schwäche. Aus welchen Gründen dieser Verfall eingetreten ist, mag als materielles Problem zurückgestellt werden. Festzuhalten ist, daß die Grundlage des Staates wie der Ehe eine Frage der Substanz ist. Substanz aber ist gerade für unser modernes physikalisches Denken immer weiter entfernt von ruhender Statik; sie ist die Dynamik einer Spannungseinheit von strenger Gesetzlichkeit, die wir für das soziale Leben erst wieder zu begreifen beginnen.

Jener dreigliederigen Entfaltung von Substanz, Bewußtsein und Willen entspricht die Abfolge von Volk als Wesensgemeinschaft, Nation als Bewußtseinsgemeinschaft und Staat als Willensgemeinschaft. Daß jede dieser Schichten eine geringere Ausdehnung haben kann als die vorhergehende, ergibt sich aus dem bereits Gesagten. Dieser dreigliedrigen Entfaltung entspricht auch die Entwicklungsgeschichte des Staates selbst, wie sich am Beispiel des deutschen Staates zeigen läßt.

„Der deutsche Staat", so faßt Rudolf Sohm (Das altkatholische Kirchenrecht und das Dekret Gratians S. 578, Anm. 45) das Ergebnis der neueren verfassungsgeschichtlichen Forschungen Belows, Fehrs und Rosenstocks zusammen, „beruhte auf der ersten Stufe seiner Entwicklung in dem Gedanken des Volkes. Die deutschen Stämme mit ihren natürlichen Gliederungen machten den deutschen Staat. Das ist — nach Fehr — die Grundauffassung noch des Sachsenspiegels. Seit etwa 1200 tritt der Gedanke des Hauses als für den Staat grundlegend in den Vordergrund. Die deutschen Fürsten sind als Vasallen die persönlichen Diener (Hofleute) des Königs. An ihrer Spitze stehen die Träger der obersten Hofämter, die Kurfürsten. Das Reich wird von den Dienern des Königshauses, das Land von den persönlichen Dienern des Landesherrn regiert (Rosenstock, Königshaus und Stämme in Deutschland zwischen 911 und 1250). Auf seiner dritten Stufe erst ist der deutsche Staat durch den Körperschaftsgedanken bestimmt worden. Der Staat wird zu einem gesellschaftlichen Körper, der das Volkstum als Einheit willensfähig, handlungsfähig macht, so daß die ganze Kraft des Volkstums unwiderstehlich auch gegen eine Welt von Feinden sich erhebt. Der ganzen alten Welt war das unbekannt, aber der moderne Staat beruht darauf."

Eine nähere Betrachtung dieses geschichtlichen Befundes ergibt, daß die Entwicklungsgeschichte des Staates als Begriff und Wirklichkeit eigentlich nur auf zwei Grundgedanken beruht, sich in zwei Phasen vollzieht, zwischen denen eine Übergangsperiode vermittelt. In der ersten Phase decken sich Volksordnung und Staat bruchlos; der Staat ist noch keine rationalisierte Organisation, sondern ist von oben nach unten wie von unten nach oben ein gewachsenes Gefüge. Das Volk erhebt den König, und der König verteilt aus der Fülle seiner Macht Gnadengaben und Privilegien, die sich traditional weitervererben. Auch die übertragenen Staatsfunktionen, wie etwa das Grafenamt, wandeln sich alsbald, einem unwiderstehlichen Zuge folgend, in eigenständige Rechte. Das Rechtsdenken ist charismatisch-substantiell, nicht funktional und zweckhaft; und so zerfällt nach und nach der Staat in ein Bündel von subjektiven Einzelrechten. Was einstmals aus der heiligen Gemeinsamkeit als Gnadengabe verliehen worden ist, nimmt erst spät die Körperschaftstheorie als unverzichtbares Hoheitsrecht der zu einheitlichem Willen verfaßten Gesamtheit zurück. Hierfür bildet die Hausmachtbildung eine Übergangsform.

In dem Maße, in dem das Königs- oder Fürstenhaus zur Grundlage des Staates wird, bildet sich ein von der Volksorganisation getrenntes Zentrum. Dieses Zentrum ist nicht körperschaftlich, sondern familienhaft-personal aufzufassen. Es dehnt seinen Einfluß und seine Macht auf dem Wege einer kunstvollen Heirats- und Besitzpolitik aus, deren militär-geographische Bedingtheiten Albert von Hofmann aufgedeckt hat. Mit dem Besitzstreben, das sich von dem Landhunger des Bauern äußerlich nicht unterscheidet, verbindet sich dann der rationale Gedanke des allgemeinen Nutzens und wird zum Vehikel der Fortentwicklung zu einer einheitlichen, aus einer Quelle fließenden Staatsgewalt. Je mehr das Letztere das Erstere zurücktreten läßt, desto mehr wird der Staat zum Willensverband, zum modernen, rationalen Staat. Der Übergang vom Volksstaat zum souveränen Staat, von der Wesensgemeinschaft zur Willensgemeinschaft geht also über die Zwischenbildung der Hausmachtbildung. Parallel zu dieser vollzieht sich zugleich der Prozeß der politischen Subjektivierung, der Umbildung des Volkes zur Nation, zur Bewußtseinsgemeinschaft, ohne den die Entstehung des modernen Staates nicht denkbar ist. Aus dem traditionalen, irrationalen Denken der ersten beiden Epochen in Privilegien und Besitztiteln erklärt sich hinlänglich der fortschreitende Zerfall der alten Volkseinheit in wildgewachsene feudale und munizipale Territorien, deren Zersplitterung dann das moderne Prinzip rationaler Vereinheitlichung entgegenwirkt.

Die geschichtsphilosophische Deutung dieses Sachverhalts hat vielfach behauptet, daß diese Folge identisch sei mit der Entfaltung des Staatsbegriffs, der Staatsidee schlechthin zu seiner Fülle. Der moderne Staat sei Ziel und Krone dieser Entwicklung. Dieser Fortschrittsoptimismus ist durch die Strukturwandlungen des modernen Staates an der Wurzel getroffen worden, so sehr man auch geneigt ist, sich darüber noch schönen Täuschungen hinzugeben. Vor allem aber sind mit diesen spekulativen Vorstellungen diejenigen nicht zufrieden, die es doch vor allem angeht: die Völker. Wie ein versunkenes Paradies lebt in ihrem Bewußtsein die Erinnerung an eine Zeit, in der Volk und Staat eine bruchlose Einheit bildeten. Die einen versuchen daher romantisch hinter die Entwicklung zurückzugehen und die gefährliche Einheitlichkeit der Staatsmacht planmäßig zu zerschlagen und aufzugliedern. Die anderen suchen chiliastisch durch die äußerste Steigerung der einheitlichen Staatsmacht den Staat überhaupt zur Aufhebung zu bringen. Das gedankliche Ziel ist die Rückkehr zur substantiellen Homogenität. Ein besonderer Versuch, die Einheit von Volk und Staat wiederherzustellen, indem man den bösen rationalen Staat der Volksorganisation unterordnete, war derjenige des Nationalsozialismus. Aber wie der chiliastische Versuch der Staatsaufhebung im Marxismus, bedeutete auch er nur die außerordentlichste, die höchstmögliche Steigerung des Willensmoments, also gerade des wesentlichsten Merkmals des modernen Staates, den man zu bekämpfen auszog. Der Bruch, die Spannung zwischen ruhender Substanz und aktivem Willen wurde nur noch stärker; der Wille im Gegenteil mobilisierte und liquidierte, verflüssigte und verbrauchte alle Reserven des Unbewußten. Umgekehrt hat die föderalistische Bewegung nur verhältnismäßig geringe Wirkungen hervorgebracht. Wo Föderalismus Programm und nicht gewachsene Wirklichkeit ist, hat er meistens nur gefährliche Hemmnisse für die Entfaltung tatkräftigen Gemeingeistes aufgerichtet und sich selbst in Mißkredit gebracht.

Romantik wie Chiliasmus sind gleichermaßen Früchte eines wirklichkeitsfremden Idealismus. Beide schütten aus ihrer gemeinsamen Staatsfeindschaft das Kind mit dem Bade aus, indem sie Anfang und Ende idealisieren. Denn das Ende des Staates als einer menschlichen und zeitlichen Lebensform ist nicht ein gesellschaftliches Jenseits, sondern der Tod im Zerfall, in der Destruktion gegliederter Sozialformen. Die Unsterblichkeit der Idee hat diesem Denken die Sterblichkeit des Menschen verdeckt und eben dadurch zur Selbstzerstörung des Menschen mehr beigetragen als irgend etwas Anderes.

Es gibt „den Staat" ebensowenig wie „den Menschen". Der Staat ist nicht Idee, sondern eine menschliche Lebensform von existentieller Notwendigkeit. Auch im Staatsleben wird die Abgeklärtheit des Alters erkauft durch den Verlust der Spannkraft der Jugend. Der Mensch ist immer auf dem Wege von der Geburt zum Tod, von der Schöpfung zum Gericht — und mit ihm sein Staat.

Auch der frühe Staat ist, wenn auch in einer für uns nicht mehr vollziehbaren irrationalen Weise, Willensverband. Auch der moderne Staat ist notwendig zugleich substantielle Gemeinschaft. Beide sind immer zugleich Bewußtseinsgemeinschaft, wenn auch dieses Bewußtsein in der Zwischenphase sich am stärksten entfaltet und heute in der Geschichtslosigkeit des modernen Menschen eine Rückbildung erfährt. Jedes dieser Momente stellt nur eine Seite des Ganzen dar. Tritt die eine hervor, so tritt die andere folgerichtig zurück. Wenn sie zugleich in zeitlicher Reihenfolge hintereinanderstehen, so ist es eine Lebensfrage, daß diese Abfolge nicht den Verlust der Ergebnisse der früheren Stufen bedeutet. Die geschichtliche Kontinuität vermeidet allein einen solchen gefährlichen Identitätsverlust. Wir Deutschen sind in besonderem Maße in Gefahr, durch die gewaltsame Idealisierung des Einzelnen — und durch unsere unglückliche Geschichte — die Einheit des Ganzen zu verlieren.

Jene Abfolge kann sich auch in gewissem Umfange umgekehrt vollziehen. Der Wille, sich frei von einer bedrückenden Herrschaft eine unabhängige politische Existenz zu schaffen, kann am Anfang einer Staatsgründung stehen, seine Menschen durch die kämpferische Erfahrung zusammenschmieden und schließlich auch sehr heterogene Elemente zur bleibenden Einheit verschmelzen. Die nordamerikanische Staatsbildung hat trotz ihrer angelsächsischen Volksgrundlage viel davon. Es ist nur ein Irrtum, dies als eine ausschließliche Frage des jederzeit präsenten Willens anzusehen.

Die soziologischen Grundstrukturen, die sich hier gegenüberstehen, sind nur mit den Kategorien der Religionsphänomenologie zureichend zu beschreiben. Die schöpfungsmäßig vorgegebene, alle Menschen eines Bereichs kraft Geburt umfassende Gemeinschaft steht dem frei gewählten, willensmäßigen Bund gegenüber. Deshalb beruhen die Staatsbildungen sekundärer Art, die Schweiz, die Niederlande, die Vereinigten Staaten in hervorragendem Maße auf Eidgenossenschaften und Kampfbünden, der Urkantone, der

Geusen; wo immer das Wort „Vereinigte" auftaucht, liegt ein solcher bündischer Tatbestand vor. Es scheint eine Paradoxie, wenn man unter dem Stichwort „Föderalismus" das Recht partikularer Interessen vertritt. Denn hier verteidigt man das Geschichtlich-Unverfügbare, während der Bund immer Ausdruck des freien, sich selbst setzenden Willens ist. Der zur substantiellen Gleichheit und Identität strebende Unitarismus dagegen wirkt durch die immer stärkere Steigerung des Willensmoments schließlich gegen jede freie, partikulare Besonderheit, gegen jede bündische Form. Die gegenwärtig gebräuchlichen politischen Begriffe sind also sehr fragwürdig.

Das Zitat aus dem Sohmschen Werke wird in seiner vollen Tragweite erst in dem kirchenrechtsgeschichtlichen Zusammenhange verständlich, in dem es steht. Sohm weist hier nach, daß sich im 12. Jahrhundert eine grundsätzliche Wandlung des Kirchenrechtsdenkens durch den Übergang vom Sakramentsrecht zum körperschaftlichen Kirchenrecht, vom Altkatholizismus zum Neukatholizismus vollzogen hat. Dies steht in sachlicher und zeitlicher Parallelität zu den Anfängen des modernen souveränen Staates.

Daraus ergibt sich die Bestätigung der Ansicht, daß zwischen einem ontisch-sakramentalen Recht, das sich im Ritus vollzieht, und einem körperschaftlich-teleologischen Recht, das auf der autonomen Setzung zweckhafter Rechtsnormen beruht, keine dritte Form von grundsätzlicher Eigenständigkeit vorhanden ist. In der folgerichtigen Ausbildung des Souveränitätsgedankens entspricht der Neukatholizismus genau der Entwicklung des modernen Staates, während die griechisch-orthodoxe Kirche auf der rechtsgeschichtlichen Stufe des altkatholischen Sakramentsrechts stehengeblieben ist. Der moderne katholische Föderalismus verweigert dem Staate also das, was er in der Kirche für heilsnotwendig erklärt — die Souveränität —, während die anderen großen Konfessionen sich in verschiedener Art umgekehrt verhalten. Es ist hier nicht der Ort, diese Dinge als kirchenrechtliche weiterzuverfolgen. Sie kommen hier nur zur Verdeutlichung der Strukturprobleme des Staates in Betracht.

Der Staat als politischer Willensverband entspringt also dem Willen zur Behauptung, zur Fortdauer nicht des Einzelnen und der vereinigten Einzelnen, sondern der Gemeinsamkeit, der Art. Wenn von jeher als Zeichen der Gesundheit eines Volkes und der inneren Stärke eines Staates die Heilighaltung und die Fruchtbarkeit der Ehe, die Waffentüchtigkeit der Männer angesehen worden ist, so ist damit nicht die physische Fortpflanzungsfähigkeit gemeint, die auch den verkommensten Völkern und Menschen erhalten bleibt, auch nicht die technische Fähigkeit und rohe Kraft der Waffenhandhabung, sondern die moralische Fähigkeit, hinter das zukünftige Leben das gegenwärtige und seinen Genuß opfernd zurückzustellen. Ehe und Staat zielen beide auf den Fortbestand der individuellen wie der völkischen Artgemeinschaft. Der Eudämonismus allein ist der Tod — wer sein Leben lieb hat, der wird es verlieren.

Staat und Ehe als Kulturformen entspringen gleichermaßen bewußt wie unbewußt dem Triebe der Arterhaltung. Aber beide sind deshalb nicht als eine Summe zweckhafter Akte dieser Arterhaltung zu definieren. Sie enthalten die ganze Spannung des menschlichen Miteinanderlebens, die Spannung der Geschlechter wie die Spannung der politischen Elemente. Die Zusammenordnung dieser Elemente in ihrer Verschiedenartigkeit und wechselseitigen Entfaltung ist die ständige, nie zu einem feststehenden Ergebnis, sondern immer nur zu einer Lösung und gleichzeitigen Neuspannung kommende Aufgabe. Der Rhythmus der Zeit und der Generationenfolge stellt diese Aufgabe immer wieder aufs neue.

Politik ist der Sexus der Nationen — und der Staat ist die Kulturform dieses Sexus, genau wie die Ehe die Kulturform der einzelmenschlichen Geschlechterspannung. Zwischen dem Staat als dem sozialen Makrokosmos und der Ehe als dem Mikrokosmos gibt es im sozialen Leben kein Gebilde, dem der Mensch mit der gleichen Notwendigkeit und mit der gleichen Ungeteiltheit der Existenz angehört, auch nicht Stände, Klassen oder ähnliche Bildungen. Auf die Rolle der Kirche im prinzipiellen Sinne wird an anderer Stelle einzugehen sein. Der umfassende Charakter jener beiden Ordnungen ist schlechthin einzigartig. Man kann freilich aus beidem heraustreten. Man kann auch aus einem Staate austreten, aber nur um entweder einem anderen beizutreten und an dessen übergreifender Einheit teilzuhaben, oder um als Staatenloser auf geschichtlich-politische Existenz zu verzichten. Der Staatenlose ist der Inbegriff der politischen Neutralität, aber damit zugleich der reinen Objektstellung. Ich kann ebenso aus der Ehe treten, kann als Hagestolz leben, oder um einer großen geistigen oder geistlichen Aufgabe willen auf die Ehe verzichten. Aber ich verzichte damit auf der Ebene des natürlichen Lebens auf die Fortpflanzung in Kindern und Enkeln. Die Zufallsfrüchte des Konkubinats sind deswegen kein Ersatz für eheliche Nachkommenschaft, weil man ihnen von dem, was über das nackte Leben zum Menschen gehört, zu wenig und zu schwer etwas mitgeben kann, weil sie ohne Familie auch keinen Anteil an der Tradition haben.

Jene Kraft der Setzung, der Selbstbehauptung, der Institution ist eine Kraft der Zusammenordnung, ein qualitativer Formungs-, nicht ein quantitativer Anhäufungsvorgang. Gewiß ist die Geschichte eine Folge von Schwerpunktsbildungen und Schwerpunktsverlagerungen. Aber diese entstehen nur und werden wirksam durch einen bestimmten Geist, der auch hier beides schafft, das Wollen und das Vollbringen, das Bewußtsein und die Tat. Aus diesem Grunde ist jede soziale Einheit wie jede biologische und die teleologische der Maschine ein Ganzes, in dem der Geist als die zusammenordnende Kraft das Prius ist gegenüber und vor den einzelnen Teilen. Aber er wird inhaltlich bestimmt durch die Substanz, die er ordnet und entwickelt und die ihm die Bedingungen seiner Entfaltung mitgibt. In der Abfolge von Substanz, Bewußtsein und Willen ist zugleich die Antithese zwischen ruhender Substanz und aktivem Willen eingeschlossen, die in allen Formen sozialen Lebens die Polarität der Geschlechter enthält, die auf der Brücke des Bewußtseins zusammentrifft und ihren Ausgleich erfährt. Denn das emotional-männliche Element der Zündung, der Befruchtung kann ohne die statisch-weibliche Substanz nicht zur Wirkung kommen. Dieser aber wird immer nur ein Minimum, ein Katalysator hinzugefügt, durch den sie in eine neue Form der Existenz, in einen neuen Aggregatzustand überführt wird.

Am allerwenigsten ist der Staat ein Verein höherer Ordnung wie die Ehe kein Verein zur Erzeugung von Kindern. Wenn man im Deutschen von einem „Verein" in Anführungsstrichen spricht, so meint man damit im verächtlichen Sinne einen Zusammenschluß, in dem die Selbstsucht der Mitglieder den verpflichtenden Gemeingeist sichtbar übersteigt und der deshalb keine wirkende Kraft und kein Ansehen besitzt. Der Verein als eine auf die satzungsmäßig begrenzte Gemeinsamkeit der Einzelinteressen abgestellte Verbandsform ist daher eine Minderform im Verhältnis zu allen existentiellen, d. h. das Leben der Menschen in seiner Breite umfassenden sozialen Formen, sei es die Ehe, die Kirche oder der Staat. Vom Standpunkt der heutigen formalen Bestimmungen des öffentlichen Rechts mag die Kirche eine Vereinigung zu religiösen Zwecken sein; in der Sache und für das Bewußtsein ihrer Glieder ist sie mehr. Die zweckhafte Verkürzung des Staatsbegriffs in einen kündbaren personenrechtlichen Vertrag hat nur das eine Wahrheitsmoment, daß allerdings kraft des Charakters des Staates als Willensverband der Wille des Menschen für die Aufrechterhaltung des jeweiligen Staatsverbandes entscheidend ins Gewicht fällt. Für den Begriff des Staates und die umfassende Wirklichkeit des Politischen in allen Räumen der Erde besagt das nichts. Wenn man auch die Staatsangehörigkeit wechseln kann, lebt dennoch jeder ursprünglich in einem Staatszustand, den er nicht geschaffen hat und in den er ohne seinen Willen hineingeboren worden ist. Der freie Eintritt des Menschen in den Staat ist eine aus ideologischen Gründen geschaffene Fiktion, ja mehr noch ein logischer Taschenspielertrick, der die Grundlagen der Staatswirklichkeit unversehens verschiebt, indem er sie zu beschreiben unternimmt.

Ist nun die revolutionäre Staatsbildung sekundärer Art nur eine Sonderform der Entstehung des Staates, so ist sie mit den übrigen Formen in grundsätzlichen Vergleich zu setzen und daraus das Allgemeingültige aller Entstehungsformen abzuleiten. Das Moment der institutionellen Eigenständigkeit und Unableitbarkeit ist sicher auch für die primäre wie für die friedliche sekundäre Staatsbildung gegeben. Wesentlich ist die Frage, ob das Moment des Gegensatzes notwendig und konstituierend ist. Die oben angeführten, im einzelnen ziemlich verschiedenen Vorgänge dieser Art haben sich innerhalb eines bestehenden Gesamtstaates so vollzogen, daß dessen föderale Form hergestellt oder umgebildet wurde. Der Wille zur Sonderung tritt hier also nur in einer sehr abgeschwächten, aber doch noch deutlichen Weise in Erscheinung. In höherem Maße muß man das Moment des Gegensatzes bei der primären Entstehung des Staates als wirksam voraussetzen. Seine Wurzel ist immer gleichbleibend unter allen geschichtlichen Bedingungen das Prinzip des Politischen, die bewußte Selbstbehauptung einer lebensmäßigen Gemeinsamkeit. Ob sein Ursprung in der Großfamilie oder im kleinen Stamm, im Kanton zu suchen ist, kann gleichviel gelten — es ist Familienpolitik so gut wie Stammespolitik denkbar — nur ein Mindestmaß an tatsächlicher Stärke und Fähigkeit zur Selbstbehauptung muß für die Ausbildung einer Kulturform dieser Politik vorausgesetzt werden. Die revolutionäre Staatsbildung drängt lediglich wie ein Zeitraffer die Entwicklungsvorgänge zusammen, während wir die Entstehung des Staates überhaupt uns als einen Prozeß der Verdichtung äußerer Beziehungen und innerer Organisation über lange Zeiträume vorstellen müssen. Die wesentlichen Merkmale findet man im Grunde in der revolutionären Staatsbildung vermöge ihrer gedrängten Wucht sehr viel plastischer ausgebildet als in langschichtigen, schwer aufhellbaren Geschehnissen der Vorzeit. Der Mythos verlegt einen grundsätzlichen Sachverhalt in einen bestimmten Vorgang und konkrete Personen. In der Gründungssage Roms wird etwas Wesentliches wohl ungeschichtlich, aber sachlich zutreffend dargestellt. In der Stadtgründung wird die Verdichtung einer in bäuerlicher Zerstreuung vorgeschichtlich wie vorstaatlich lebenden Landschaft zu festumrissener Gemeinsamkeit und zur bewußten Selbstbehauptung im Mauerkreis zusammengefaßt. Die besondere Form der antiken Polis als Stadtstaat betont noch diese festumrissene Form und Bewußtheit des gemeinsamen Lebens als notwendige Merkmale des Staatsbegriffes überhaupt. Diese Behauptung und Selbstbestätigung ist im Teilstaat eines Bundesstaates eine nur relative und begrenzte, seine Unableitbarkeit ist die gleiche.

B. *Erhaltung des Staates*

Mit dem revolutionären Durchbruch zur Selbstbehauptung und Selbstbestimmung aber ist nicht ein Ende erreicht — das ist der große Irrtum zahlreicher Freiheitskämpfer und Revolutionäre, sondern nur die Voraussetzung für die Bewältigung der eigentlichen Aufgabe gewonnen, für welche diese Kämpfer in den meisten Fällen nicht die moralischen und praktischen Fähigkeiten mitbringen, nämlich das Problem der Selbstbehauptung, der Kontinuität. Alles Leben will seine eigene Fortdauer. Mensch und Staat leben so, als ob sie ewig leben könnten. Auf die Institution folgt daher notwendig die Konstitution, das auf die Dauer berechnete Verfassungsgesetz, gleichviel ob es als Gewohnheit und Übung oder als ausdrückliches Gesetz erscheint. Das Gesetz ist der Inbegriff der Akte, deren regelmäßiger Vollzug zur Aufrechterhaltung eines Ganzen erforderlich ist, und zwar gerade durch die Regelmäßigkeit dieser Wiederholung. So ist das Gesetz mehr als ein technisches Instrument der Ausdruck der Bau- und Funktionsgesetze des Ganzen. So entfaltet sich der Staat im Gesetz als dem typischen und notwendigen Ausdruck seiner Wesenheit. Hier kann er nicht mehr von der revolutionären Verneinung des Fremden und Vergangenen leben, sondern nur von seinem eigenen positiven gemeinschaftsbildenden Gehalt.

Entspricht also der Staat dem Triebe zur Erhaltung der Gemeinsamkeit, so ist die Kontinuität sein zentrales Lebensproblem.

1. Kontinuität der Substanz

Dieses Problem stellt sich zunächst als Problem der Kontinuität der Substanz. Dies ist an zwei geschichtlichen Beispielen besonders klar darzustellen. Als die jakobinische und die bolschewistische Regierung die Bezahlung der Staatsschulden ihrer monarchischen Vorgänger ablehnten, entstand die Frage der objektiven Identität. Die Begründung, daß ein Volk nicht die Schulden seines Tyrannen zu bezahlen brauche, ist nun gewiß nicht mehr als eine revolutionäre Phrase. In Wahrheit ist es ein Problem der Substanz. Man kann einem früheren Staatszustand nicht den Charakter als Staat absprechen — wie es Ideologen etwa für die Zeit des Nationalsozialismus versucht haben —, aber man kann versuchen, die Identität der Rechtsnachfolge abzustreiten. Dies kann aber nur geschehen, wenn eine andere Staatssubstanz vorhanden ist, die nicht aus der des früheren Staates abzuleiten ist. Die Massenhinrichtungen in der Schreckenszeit, die Liquidierung der nicht proletarischen Schichten in Rußland sind nicht allein Exzesse, sondern zugleich folgerichtige Versuche, die Staatssubstanz wesentlich zu verändern. Solange bestimmte heterogene Schichten vorhanden sind, die auch unter veränderten politischen Formen und Bedingungen irgendwie wieder Berücksichtigung und Einbeziehung einfach durch ihre Existenz erfordern, solange ist der neue Staat noch nicht geschaffen. Die Parallelität zwischen französischer und russischer Revolution ist sehr charakteristisch. Sie tritt auch darin zutage, daß in beiden die Gräber der Könige geschändet und die Leichen vernichtet wurden, in Rußland nicht ohne sie auszurauben, und auch diesen Vorgang zum Bestandteil des ökonomischen Prozesses zu machen. Damit wurde bewußt oder unbewußt in der Folgerichtigkeit des Hasses die ruhende traditionelle Substanz des Staates beseitigt. Jeder Versuch der Substanzänderung ist solange ein untauglicher, als die Quellschichten erhalten bleiben, aus denen sich die Vernichteten schließlich weiterbilden könnten. Deshalb ist auch nur so der konsequente Kampf des Bolschewismus gegen das Bauerntum zu verstehen Da auch die größten Leistungen der modernen Massenmordtechnik nicht zur Änderung der völkischen Substanz ausreichen, sondern letzten Endes einen Schnitt in das eigene Fleisch darstellen, versucht man mit größerer Aussicht auf Erfolg wenigstens den sozialen Aggregatzustand dieser Substanz zu verändern, indem man den seßhaften landschaftlich gebundenen Bauern zum sterilen proletarischen Flugsand auflöst und damit soziale Erscheinungen hervorruft, die den Sandstürmen in den versteppten Weizengebieten des mittleren Amerika sehr stark ähneln.

In diesem Zusammenhang ist eine Bemerkung Max Webers von großem Interesse. Er sagt gelegentlich, daß erst durch die puritanische Revolution das englische Volk begonnen habe, sich sichtbar von den kontinentalen Völkern und insbesondere vom Niederdeutschtum zu unterscheiden. Der physische Gegensatz zwischen Kavalieren und Rundköpfen ist bekannt. Es ist dabei die Frage, ob ein solcher Vorgang, mit biologischen Begriffen gesprochen, sich als Mutation oder als Änderung des Phänotypus darstellt. Die europäischen Revolutionen sind überhaupt durchgängig Erscheinungen der Absonderung, der Spaltung und Trennung aus der abendländischen Gemeinsamkeit.

2. Kontinuität des Bewußtseins

Das Problem der Kontinuität stellt sich sodann als ein solches des Bewußtseins und insbesondere als Generationenproblem. Die Gemeinsamkeit, die sich aus der Lösung einer geschichtlichen Aufgabe, aus der Erkämpfung der Freiheit oder der Bewältigung eines bestimmten einzelnen Problems ergibt, muß ihre Beständigkeit erst dann bewähren, wenn dieser Erlebnisgehalt, vor allem die Bindung durch einen bestimmten Gegensatz nicht mehr in dem ursprünglichen Maße unmittelbar vorhanden ist. Deswegen lebt der Staat in hervorragendem Maße von kämpferischen Erlebnissen, die Amerikaner von der Abwehr monarchischer Herrschaftsansprüche in der Unabhängigkeitserklärung, die Schweizer vom Tell-Mythos. Mit Militarismus hat das gar nichts zu tun. Die nur ruhende wesensmäßige Gemeinsamkeit der Art und des jahrhundertelangen geschichtlichen Zusammenlebens tritt erst recht eigentlich ins Bewußtsein in der Erinnerung an die großen lebensbedrohenden Krisen, als welche sich vor allem Freiheitskriege darstellen. Die Erinnerung an die napoleonische Fremdherrschaft und ihre Überwindung hat für ein Jahrhundert das deutsche Gemeinbewußtsein wesentlich mitbestimmt.

Die Objektivierung solcher sinngebender Gemeinsamkeiten aber wird erfahrungsgemäß durch den Generationsablauf bereits etwa nach 15 Jahren, also nach der ersten halben Generation, auf die Probe gestellt, weil dann zum erstenmal in beträchtlicher Breite Schichten in die Verantwortung eintreten, für welche dieser Bewußtseinsgehalt nicht mehr unmittelbarer Eigenbesitz ist, bei denen also das Problem der Tradition auftritt. Die Existenz des Staates hängt also im höchsten Grade von der gemeinschaftsbildenden geschichtlichen Überlieferung bestimmter Negationen und Positionen ab. Die Zerstörung des Geschichtsbildes einer Nation, der Bruch in ihrer Tradition ist daher ein unmittelbar lebensbedrohender Vorgang von höchster praktisch-politischer Tragweite. Die Varusschlacht hat die Romanisierung des festländischen Germanentums verhindert und damit wesentlich die Voraussetzungen für die Entstehung eines gesonderten deutschen Staates nach der gesamteuropäischen Einheit des Karolingischen Reiches bewahrt. Wer diese Tatsache aus dem geschichtlichen Bewußtsein streicht, hebt die politische Existenz des deutschen Volkes viel wirksamer von der Wurzel her auf, als irgendeine Einschränkung außenpolitischer Souveränität das vermag. Geschichtliches Nationalbewußtsein und Nationalismus als geschichtsphilosophisches Prinzip sind grundsätzlich ganz verschiedene Dinge, und es gehört zu den primitiven politischen Betrügereien der Gegenwart, das eine durch den Vorwurf des anderen zu zerstören. Geschichtliche Tradition beruht auf echten gemeinschaftsbildenden Tatsachen, Nationalismus ist eine ideologische Spekulation.

3. Kontinuität des Willens

Schließlich stellt sich drittens das Problem der Kontinuität auch als solches des Willens. Am politischen Leben nimmt freilich nicht nur der teil, der es bewußt und willentlich tut. Auch wer unreflektiert in der gesetzlichen Ordnung seines Staates lebt, trägt ihn mit seiner Loyalität mit. Der Nichtwähler, der die vordergründigen Kämpfe der Politik sich ruhig abspielen läßt und hervortritt wie Cincinnatus vom Pfluge, wenn das Vaterland in Gefahr ist, ist kein Staatsbürger zweiten Ranges. Die für europäische Verhältnisse erstaunlich geringe Wahlbeteiligung in den Vereinigten Staaten ist ein Zeichen unverbrauchter Substanz, nicht mangelnder Stärke des Gemeingeistes. Nichts ist zerstörender gewesen als die Inanspruchnahme und Mobilisierung und damit der Mißbrauch der Tradition zu tagespolitischen Entscheidungen durch den Nationalsozialismus. Aber dessenungeachtet bedarf der Staat der wachsamen Handlungsbereitschaft und Handlungsfähigkeit. Er gibt sich selbst auf, wenn er nicht jederzeit entscheiden und sein Verhältnis zu seiner Umwelt bestimmen kann — er ist der einzige, der niemals die Entscheidung verweigern darf — hier tritt schon das eschatologische Moment im Staatsbegriff hervor. Wenn auch seine Bürger schlafen, muß doch immer die Führung wie eine Wache auf dem Posten sein: das Auge des Gesetzes wacht und nicht nur der spießbewehrte Kleinstadtpolizist eines Nachtwächterstaates, sondern die politische Führung selbst. Ein Bismarck, der tagsüber das schwierige kunstvolle Spiel mit den fünf Kugeln der Großmächte treibt, liegt nachts schlaflos unter dem Albdruck der Koalitionen.

Der dreifachen Struktur seiner Entstehungselemente oder Entstehungsphasen — Substanz, Bewußtsein und Wille — entspricht für den konstituierten und zu freier Existenz durchgebrochenen Staat das dreifache Problem der Kontinuität dieser Elemente als das Grundproblem seiner Existenz. Jene Elemente aber werden wir ganz parallel an dem zweiten Merkmal des Staatsbegriffes, dem Gebiet, noch einmal entwickeln können.

2. Kapitel

Vom Raum des Staates — Gebiet — Ausschließlichkeit

Das zweite primäre Merkmal des Staatsbegriffes ist das Gebiet, genauer gesagt die Ausschließlichkeit seiner Wirksamkeit in einem bestimmten Bereich, dem „Reich". Der Begriff Reich kehrt als Bestandteil in zahlreichen Staatsnamen wie z. B. Schwedens und Frankreichs wieder. Auch ein nomadisierender Stamm besitzt vor der Staatsgründung eine wirksame und ausschließende politische Ordnung zwischen seinen Zelten und auf seinen Schiffen. Aber Staatswesen von Bedeutung sind in der Geschichte aus solchen Sippengemeinschaften von Hirten oder Räubern immer erst mit der festen Verbindung mit einem Gebiet begründet worden. Trifft der Stamm bei der Landnahme auf eine Bevölkerung, so muß er sie entweder vernichten oder einschmelzen oder beherrschen. Nur die Wirksamkeit einer anderen Herrschaft in seinem Bereich kann er nicht dulden. Es war ein grundsätzlicher politischer Denkfehler der Nationalsozialisten, wenn sie auf Grund eines rein personalistischen Staatsbegriffes alle Deutschen im Auslande unmittelbar als dem Reich Verpflichtete in Anspruch zu nehmen, nicht nur als stammverwandte Minderheiten zu fördern und zu schützen versuchten. Denn damit trafen sie jeden Staat an einem zentralen Punkt seiner Existenz. Das Kondominium konkurrierender Staatshoheiten vollends in einem Gebiet besagt nur, daß hier kein Staat, sondern nur ein Objekt politischer Herrschaft vorhanden ist. Die Aufhebung kondominialer politischer Formen in Europa, die lange Zeit verhältnismäßig verbreitet waren, zeigt die zerstörende Wirkung der Rationalisierung des Staates und zugleich in sachlichem Zusammenhang die Aufhebung unbewußt wirksamer völkerrechtlicher Gemeinsamkeiten. Das Gebiet ist nach alledem ebensosehr Voraussetzung wie Ausdruck der Eigenständigkeit des Staates. Betrachten wir das Gebiet nicht als grobsinnlichen Gegenstand, sondern als Raum ausschließlicher Wirksamkeit des Staates, so ist ersichtlich, wie unzulänglich in der Tat die von Smend gegeißelte rohe Juxtaposition ist, die Käseglockentheorie, die auf der Plattform des Gebietes das Staatsvolk und darüber hinweggestülpt wie eine Haube die Staatsgewalt sieht. In Wahrheit sind diese drei Elemente nur drei Seiten der gleichen Tatsache, der Ausdruck der gleichen Eigenständigkeit.

In der Gebietstheorie scheint bisher kaum gesehen worden zu sein, daß in ihr auch die drei ontologischen Elemente des Staatsbegriffes noch einmal wiederkehren, Substanz, Bewußtsein und Wille als Gebiet, Hauptstadt und Grenze. Im biologischen Vorgang entwickelt sich das befruchtete Ei zu einem neuen Lebewesen, indem ein räumlich fixiertes Wachstumszentrum sich die Kräfte des Eies als Material aufbauend zuordnet. Ohne diese Fähigkeit zu wachstumsmäßig qualitativer Schwerpunktsbildung, die die vorhandenen Kräfte zu wandeln, umzuformen und heranzuziehen versteht, ist kein Lebewesen denkbar. Aus dem Material wird das Wachstumszentrum aufgebaut und dann die ungeordnete relativ homogene Masse zu Gliedern entwickelt und umgeformt.

Für die antike Polis fällt beides in ihrem ursprünglichen Zustande zusammen. Ihr Landgebiet ist nur die Flur der Ackerbürgerstadt, die Bauern nur zufällig oder vorübergehend draußen wohnende Stadtbürger. Diese scheinbare Gebietslosigkeit der Polis, die die eine Seite des Gebietsproblems zu verdecken geeignet ist, ist bis ans Ende des römischen Reiches nicht grundsätzlich durchbrochen worden. Es erhielten zwar die Provinzialen in steigendem Maße das Bürgerrecht. Aber die Ausübung aktiver politischer Rechte war immer noch an die Anwesenheit in Rom geknüpft. Ein allgemeines Stimmrecht ohne Rücksicht auf den Wohnsitz wäre weder technisch durchführbar noch gedanklich überhaupt möglich gewesen. Infolgedessen blieb das ganze Reichsgebiet außerhalb Roms Provinz, d. h. wörtlich unterworfenes Gebiet, selbst wenn noch so viele seiner Bürger volles Bürgerrecht besaßen. Diese Provinzen trugen meist die Namen der sie bewohnenden Stämme; aber das bedeutete nicht mehr als eine Erinnerung. Diese Leiblosigkeit des antiken Staatsbegriffes, der die Spannung zwischen Hauptstadt und Gebiet verdeckt, ist im Abendlande durch die Entstehung der germanischen Volksstaaten aufgehoben worden. In ihnen ist das Landgebiet als Siedlungsraum primär und das Zentrum, der Königshof, ein noch lange Zeit wechselnder Mittelpunkt geringer Ausdehnung und Personenzahl. Seitdem besteht ein tiefgreifender und immer wieder tiefempfundener Gegensatz zwischen römischem und germanischem Staatsdenken. Die Bewußtheit antiken Staatsbürgertums und die bäuerlich-landschaftsgebundene Art des germanischen Föderalismus stehen in einem wesenhaften Gegensatz. Aber das ändert nichts daran, daß beides notwendige Elemente sind, die in einem natürlichen Spannungsverhältnis stehen. Denn erst durch die Hauptstadt- und Zentrenbildung — teils durch Übernahme antiker Städte, teils durch Städtegründungen — ist eine dauerhafte politische Entwicklung auch der germanischen Staaten möglich gewesen. Hierin ist mit Recht von jeher die Bedeutung König Heinrichs I., des Städtegründers, in Deutschland gesehen worden. Das antike Staatsdenken hat das Element des Gebietes nicht erfaßt. Sein Staatsbegriff ist rein personalistisch; jeder abgesprengte Teil einer Bürgerschaft setzt am neuen Ort die gemeinsame politische Existenz fort. Dies ist indessen nur die subjektive Seite; dem objektiven Typus nach ist das griechisch-römische Staatsdenken nicht Gebietsherrschaft, sondern städtisch-hauptstädtisch. Soweit sich der antike Staat als Stadtstaat ausgebildet hat, fallen in ihm im Sinne unserer Betrachtung Haupt und Glieder zusammen.

Die Verachtung der Hauptstadt für die Provinz ist ein Symptom dieses Gegensatzes und wird von den Landbewohnern entsprechend beantwortet. Der Begriff der Provinz ist freilich nach seiner geschichtlichen Entwicklung heute nicht mehr das entscheidende Gegenstück zu dem des Stammes von eigenem politischem Gewicht, als Teilgliederung mit eigenem politischem Gemeinleben. Die Provinz ist zu einer Art Mittelbegriff geworden. Die Provinzen des alten Frankreich besaßen trotz des Namens eigene Parlamente, eigene Tradition und politische Bedeutung. Erst die eine und unteilbare Republik als ein Durchbruch rationalistischen Staatsdenkens in Frankreich beseitigte sie zu Gunsten des Systems bewußt geschichtsloser, des Eigensinns entbehrender und von oben vollkommen abhängiger Präfekturen, der Departements. An die Stelle der menschlichen Geschichte tritt als Gliederungsprinzip die geschichtslose Natur. Das französische De-parte-ment ist seinem Wortsinn entsprechend nichts anderes als ein unwesentlicher, unselbständiger Teil eines anderen Wesens.

Dieses Präfektursystem kehrt wörtlich wie tatsächlich in Deutschland in den Regierungsbezirken wieder. Die Provinz dagegen bedeutet heute eine traditionelle und Wesenseinheit mit eigenem Gewicht. Selbst in dem straff zentralisierten Preußen waren bis zur Stein-Hardenbergschen Reform und der Einführung der Fachministerien die Leiter der Provinzialverwaltungen Minister; später waren die preußischen Oberpräsidenten vielfach gewesene Minister und standen diesen in Ansehen und Rang nicht nach. Die preußischen Provinzen wurden im 19. Jahrhundert starke Selbstverwaltungseinheiten mit Landtagen und eigenen Kommunalvermögen und einer eigenen Kulturverwaltung, während die Regierungsbezirke keine Selbstverwaltungsbezirke waren und sind. Keine Verwaltungsreform hat diesen Gegensatz zu verschmelzen und aufzuheben vermocht. Das von Montgelas nach französischem Vorbild zentralistisch aufgebaute Bayern dagegen besitzt nur Regierungsbezirke, also Präfekturen und keine Provinzen. Das als zentralistisch verschriene Preußen dagegen gab 1815 Rheinland und Westfalen zum ersten Male nach Jahrhunderten der Zersplitterung die Stammeseinheit wieder. In Bayern blieben nur die Namen der Stämme als Bezeichnungen der Präfekturen erhalten, in denen jede letzte Prüfungsarbeit des Abiturienten von München kommt und wieder nach München geht. Dementsprechend ist Bayern nicht von unabhängigen, vom Kreistag gewählten, zum großen Teil landsässigen Landräten, sondern von Bürokraten regiert worden. Die Staatsrechtslehre hat diese Unterschiede, weil beide Formen an der Bildung des Staatswillens nicht beteiligt sind, in ihrem einseitigen Funktionalismus ganz aus dem Gesicht verloren.

Dieser einseitige Blick auf die Staatsfunktionen, in erster Linie auf die Mitwirkung an der Bildung des unteilbaren körperschaftlichen Gesamtwillens gleichviel in welcher Form, hat das Gebiet als den Leib des Staates seiner Bedeutung für das politische Bewußtsein und seiner Würde beraubt. Der Staat besteht, so scheint es, nur noch aus einem zentralen Willen, den es zu beherrschen gilt. Dieser Staat liegt auf seiner gebietsmäßigen Unterlage eigentlich konkret nur noch auf der Grenze wie eine Glocke auf einer Platte.

Was innerhalb dieser Grenzen liegt, ist seiner gebietsmäßigen Struktur nach politisch belanglos. Dies gilt in erster Linie für den modernen Einheitsstaat und entspricht genau der Eschatologisierung des Denkens überhaupt, der durchgängigen Abstellung auf letzte Zwecke.

Die Entleiblichung des Staates ist zugleich seine Entvolklichung. Weder die politische Willensbildung noch die Rechtsprechung vollziehen sich noch in Zusammenhang mit der lebensmäßigen Gliederung des Volkes. Die Wahlkreise sind mechanisch nach Kopfzahlen herausgeschnittene Abgrenzungen, die Gerichtsbezirke verdanken ihre Gestalt der Rücksicht auf die technischen Verkehrsbedingungen. Die Bezeichnung der Gemeinde und des Kreises als politischer Gebietskörperschaften ist nachgerade völlig seines Sinnes entleert. Es gibt keinen aus der Gemeinde aufsteigenden Aufbau des Staates, sondern nur eine Zweckgliederung der Verwaltung, aus der alle politischen Funktionen fast ängstlich entnommen sind. Aus dem politischen Selbstverwaltungsgedanken des Freiherrn vom Stein ist ein neues versachlichtes Spezialistentum der Kommunalverwaltung geworden. Die älteren Demokratien wie England und die Schweiz haben diese Entwicklung vermieden, weil sie ihr Heil nicht in der Zerstörung, sondern in der Bewahrung auch der partikularen Tradition gesehen haben. Für den Tiefstand unseres politischen Denkens ist dagegen bezeichnend, daß der damalige sozialdemokratische Ministerpräsident von Schleswig-Holstein, Lüdemann, als Vorsitzender des Neugliederungsausschusses der Ministerpräsidentenkonferenz ernsthaft vorschlagen konnte, die deutschen Länder nach „Stromgebieten" neu zu gliedern. Carl Schmitt ist ein Rufer in der Wüste, wenn er neuerdings (Der Nomos der Erde im Völkerrecht des Ius Publicum Europaeum, 1950) den Begriff der „Ortung" zentral neben den der Ordnung stellt.

Föderalismus ohne ein starkes integrierendes Zentrum ist ebensowenig möglich wie Zentralismus ohne lebensfähige und kräftige Glieder. Beides sind nur Grenzwerte eines entfalteten Staatsbegriffes. Das zentralistische Extrem ist in Frankreich mit einem unverhältnismäßigen geistigen und materiellen Übergewicht der Hauptstadt erreicht. Das andere Extrem sucht Frankreich in Deutschland zu verwirklichen, um es zu schwächen. Föderalismus ohne integrierende Mitte ist lediglich die Aufhebung der Einheit überhaupt und das Versinken in einen vorstaatlichen Zustand. Kein Körper kann ohne Schwerpunkt existieren. Auch die sauber föderalistisch aufgebauten Vereinigten Staaten besitzen einen solchen Schwerpunkt. Wenn ihre Hauptstadt korrekterweise nicht im Gebiet eines Teilstaats, sondern in einem neutralisierten besonderen Territorium liegt, um jeden Anschein der Vorherrschaft eines Einzelstaates zu vermeiden, so ändert dies nichts daran, daß noch heute wie von jeher der Schwerpunkt des politischen Lebens in den Oststaaten und vorzugsweise in New York liegt. Wenn von 148 Präsidentschaftskandidaten 57 aus New York stammten, so ist das ein echtes Zeichen. Ohio bildet dann mit 19 Kandidaten eine Art Nebenzentrum. Umgekehrt haben die Kandidaten aus den Südstaaten, dem einstmals konkurrierenden und im Sezessionskriege politisch vernichteten Gegenzentrum, keine Aussicht, gewählt zu werden. Die Tragödie eines anderen Amerika schildert in ergreifender Weise der berühmte Bestseller „Vom Winde verweht", dessen politische Seite wohl die wenigsten Leser gesehen haben. Im übrigen wird der eigentliche Regierungssitz überhaupt gern um ein weniges exzentrisch gelagert, um die Regierung von den Strömungen und Stimmungen der volkreichen Hauptstadt ein wenig abzusetzen, deren Gewicht und Bedeutung damit nicht aufgegeben, sondern nur abgeklärt wird, in Westminster, Versailles, Potsdam so gut wie in Washington, und neuerdings in Bonn im Verhältnis zu Köln und dem Industrierevier. Denn es darf sich nicht um die Herrschaft der Hauptstadt handeln, sondern nur um die Zusammenfassung des Ganzen in einem prismenartigen Sammelpunkt.

Während aber in den westlichen Staaten die Hauptstadt von Anbeginn an feststeht, hat Deutschland eine ganze Anzahl von Hauptstädten gehabt, und damit eine Kette von Geschichtsphasen, die sich in diesen Hauptstädten widerspiegeln. Aachen war die echte Hauptstadt des karolingischen Reiches an der Grenze des germanischen und romanischen Teiles vor der Trennung dieser beiden Teile. Seine Bedeutung als Krönungsstadt des Heiligen Römischen Reiches war deshalb später politisch gesehen nur eine archaisch-traditionelle. Die nächste Stadt der Königswahl und Krönung war, abgesehen von den nahegelegenen rheinischen Pfalzen, Frankfurt a. M. Im Zentrum des die Reichseinheit in besonderem Maße tragenden fränkischen Stammes gelegen, von der Rheinlinie als dem Rückgrat des Deutschlands der Altstämme ein wenig nach Osten vorgezogen und zugleich Brücke zwischen Süden und Norden, schaut es nach Südosten und nach Nordosten. So konnte es im Deutschen Bund der Berührungs- und Schnittpunkt, der Winkelscheitel oder die Naht zwischen den beiden Großmächten sein, aber eben auch nicht mehr, weil und solange diese derart exzentrisch gelagert waren. Berlin wiederum ist der rechte Schnittpunkt der Linien Hamburg-Schlesien und Königsberg-Frankfurt und damit ganz Norddeutschlands, nicht aber Süddeutschlands. Dagegen ist Wien zum Reiche ausgesprochen exzentrisch gelagert und nur für den Donauraum in der Linie Oderberg-Triest und Regensburg-Budapest verbindend. Der andere Vergleichspunkt zwischen Wien und Berlin, zwischen Nordost- und Südostdeutschland ist neben Frankfurt Prag. Mit Prag beherrschte Hitler Osteuropa, beherrscht Stalin nach beiden Seiten den Bereich der zerbrochenen beiden deutschen Großmächte, den vom Westen an den Osten preisgegebenen Raum.

Staatstheoretisch ist hier die Erkenntnis von Bedeutung, daß die Hauptstadt ein echtes integrierendes Moment, nicht nur ein technischer Tagungsort von Parlamenten und Ministerien ist. Es gibt dementsprechend geborene Hauptstädte. Albert von Hofmann hat in seinem Werk „Das deutsche Land und die deutsche Geschichte" nachgewiesen, daß Karl der Große die Unterwerfung Sachsens durch die Errichtung neuer politischer Zentren, durch die systematische Anordnung der Bischofssitze vollendet und vor allem die geborene Hauptstadt Sachsens in oder bei Herford durch die Bistümer Osnabrück und Minden ausgeschaltet hat. An Stelle einer durch irgendwelche Umstände in ihrer Funktion ausgeschalteten Hauptstadt vermag ein politischer Körper ein schwächeres Ersatzstück auszubilden, eine neue Hauptstadt, die dem politisch-integrierenden Sinn der landschaftlichen Lage der eigentlichen Hauptstadt soweit als möglich nahezukommen trachtet. So gibt es nach Hofmanns Darlegung Plätze erster, zweiter und dritter Wahl. Eine jede Hauptstadt verkörpert einen bestimmten politischen Sinn, weil und soweit sie imstande ist, die politischen Kräfte eines bestimmten Einzugsgebietes ebenso zusammenzufassen wie ein Brunnen Wasserzuflüsse, wie ein Prisma Strahlen. So bedeutete Prag in der Hand Kaiser Karls IV. den Versuch, die Einheit und den Schwerpunkt des Reiches auf der Elblinie mit der Nebenhauptstadt Tangermünde durch die Kombination Böhmen-Brandenburg aufzubauen. Ein großer Körper scheint einen solchen Nebenschwerpunkt zu seiner Entlastung zu gebrauchen. Auch wo föderalistische Korrektheit die Leitung nach dem Vorortsystem wechseln läßt, bilden sich von allein Schwerpunkte heraus, weil doch immer nur einzelne der Gliedstaaten in der Lage sind, die Führungsfunktion zu erfüllen, wenn nicht das Ganze durch Schwäche und Zufälligkeiten gefährdet werden soll. Daß im übrigen eine solche Hauptstadt der ständigen Erneuerung aus dem Lande bedarf, ergibt sich schon aus den biologischen Tatsachen des bekannten Schwundes der städtischen Familien.

Haben wir Landgebiete und Hauptstadt als Elemente des Gebietsbegriffs entwickelt, so wird dieser erst durch ein Drittes vollständig: durch die Grenze. Sie ist hier das eschatologische Element. Sie ist wie die Funktion der Rechtsprechung im Schema der Montesquieuschen Gewaltenteilungslehre en quelque façon nulle. Sie ist eigentlich ein Nichts, ohne eigentliche Gestalt, ohne Ausdehnung wie Hauptstadt und Landschaft. Aber sie umschließt den Gehalt beider und schließt ihn gleichzeitig gegen alle übrigen politischen Einheiten ab. Sie legt gleichzeitig das Verhältnis zu diesen fest; sie ist insofern das Negativ der außerhalb des eigenen Staates liegenden Staaten. Die Selbstbehauptung als Wesen des Staates kommt in ihr rein zum Ausdruck. Wo immer von der Idee der Überwindung der Grenzen die Rede ist, kann man sicher sein, daß eine eschatologische Heilslehre im Spiele ist. Vor Gottes Thron werden wir weder Mann noch Weib noch Deutsche und Juden mehr sein. Angesichts der letzten Dinge sind die Spannungen der diesseitigen Welt aufgehoben. Die Ehe und der Staat werden durch den Tod aufgelöst. Die Spannungen der Geschlechter wie der Politik sind das Material der diesseitigen Existenz, aus denen willkürlich herauszutreten weder möglich noch erlaubt ist. Wo diese Grenzen sinnlos geworden scheinen und aufgehoben werden, ist ein Äon zum Gerichte reif. Die Eschatologien der Selbsterlösung aber suchen diesen Zustand von sich aus herbeizuführen. Bezeichnenderweise wird in der Lehre von den Davidischen Weltreichen ein Äon immer auf ein Weltreich, also auf die vollkommene Aufhebung der politischen Spannungen bezogen. Wo in einem Weltreich alle Unterschiede aufgehoben sind, bereitet sich in einer Tyrannis von ungeheuerlicher Leere, in tödlichem Zerfall, in einer hohlen Scheinblüte äußerer Wohlfahrt ein Zeitalter zum Sterben.

Die Grenze hat also eine doppelte Funktion; sie umschließt den positiven Gehalt eines politischen Gemeinwesens, ohne doch über ihn materiell etwas auszusagen. Diese letztere inhaltsbestimmende Funktion hat sie merkwürdigerweise nur kraft ihrer negativen Seite. Hierin gehören die oft angestellten Erwägungen, daß die Außenpolitik die Innenpolitik und sogar die Staatsform bestimme. Diese Negativfunktion kann nun in sehr verschiedenem Grade den politischen Gehalt bestimmen. Ein ständiges Grenzerdasein kann wie bei Ostpreußen und Lothringern eine gewisse Verhärtung herbeiführen. England, das keine Grenzberührung hat, verfällt erfahrungsgemäß nach jedem Kriege in einen gleichsam vorstaatlichen Zustand, in eine kaum begreifliche Passivität seiner Außenpolitik gegenüber Europa. Ein ausgesprochen außenpolitisch-negativ integrierter Staat ist Frankreich, dessen einzige, aber dafür um so stärkere Kontinuitätskomponente seit Jahrhunderten, d. h. seit der Erledigung des englischen Gegensatzes seine Politik bis an den Rand der Monomanie gegen Deutschland treibt. Je selbstsicherer ein Gemeinwesen in sich selbst beruht, desto unbefangener vermag es seine Grenze zu empfinden, je schwächer und bedrohter es ist, desto stärker ist es von ihr bestimmt. Die negative Bestimmtheit schwacher Randgebiete wie der Schweiz und der Niederlande ist sehr erheblich, wie vielfache psychologische Erscheinungen zeigen. Je stärker aber die Bestimmtheit durch die Grenze, um so schwächer der Körper; die Haut eines gesunden Körpers darf nicht durch Narben schlecht verheilter Verletzungen festgewachsen sein, wenn sich nicht immer wieder Entzündungen bilden sollen. Immer aber bezeichnet die Grenze die Schwelle, den Punkt, das Maß, über den hinaus auch bei größter Offenheit eine Gemeinschaft den fremden Einfluß fernhalten muß, wenn sie weiterleben will, den geistigen Einfluß wie die äußere Gewalt, und sie bezeichnet zugleich den Anspruch zu entscheiden, was über diese Grenze tritt.

Andererseits aber ist es die geschichtliche Umgebung, die in den konstituierenden geschichtlichen Erlebnissen dem Staate eine bestimmte Position zuweist. Sie schränkt die geschichtlichen Möglichkeiten in bestimmter Weise ein und ist gerade dadurch in hohem Grade wesensbestimmend. Wie ein Mann durch die Wahl seines Berufes, durch das Ergreifen einer Lebenschance, durch die Wahl seiner Frau bestimmte Entfaltungsmöglichkeiten wählt und auf andere verzichten muß, so gerät eine Nation in gewisse Umstände und Nachbarschaften, die ihre Entfaltung bestimmen, personell durch die Art und Stärke ihrer Nachbarn, sachlich durch die Bedingungen ihrer geographischen Lage. Dies kann wie beim einzelnen Menschen zu großen Spannungen zwischen Fähigkeiten und Möglichkeiten, zu Minderwertigkeitsvorstellungen, zu Überkompensationen und Süchten führen. Eins ist gewiß: Es gibt glückliche und unglückliche Gemeinwesen, wie es glückliche und unglückliche Menschen gibt, und nur Narren glauben, jedem Menschen und jedem Volke ein Recht auf Glück zusprechen zu können.

Das Problem der Grenze aber in seinem eschatologischen Gehalt führt über zu dem dritten Merkmal der Ontologie des Staates, zur eschatologischen Souveränität, einem im Rahmen dieser Untersuchung neu geschaffenen Begriffe. Es ist wie der instituierende Geist des Staates, sein erstes Merkmal, aus der Entstehung des Staates, seinerseits aus der Entwicklung des Problems des Endes des Staates abzuleiten. Auch der Staatsbegriff hat ontologisch betrachtet seinen Anfang und sein Ende, sein A und sein O.

3. Kapitel

Zeit und Ende des Staates — Eschatologische Souveränität — Unaufhebbarkeit

A. Gemeinschaft

Die Grenze nun bedeutet keine mechanische Mauer, sondern einen je nach Grundsätzen und Bedürfnissen sehr verschiedenartigen Grad der Absperrung von der Umwelt. Das eine Extrem stellt der Zustand Japans bis zur zwangsweisen Öffnung seiner Grenzen durch die europäischen Mächte dar, also die völlige Abschließung, die absolute Autarkie. Die Aufhebung der Grenzen dagegen auf der anderen Seite bedeutet als Grenzwert zugleich die Aufhebung des Staates überhaupt. Die katholische Staatslehre erörtert aus der aristotelisch-scholastischen Tradition den Begriff der Autarkie, ohne ihn doch für die Gegenwart recht verständlich und verwendbar machen zu können. Die moderne Staatslehre hat ihn solange als ein Monstrum verworfen, bis moderne autarke Staaten entstanden, die jene Theorien Lügen straften und beim besten Willen nicht mehr als Absonderlichkeiten und Ausnahmen zu bezeichnen sind. Aber auch dann übersieht sie diese Erscheinungen noch geflissentlich.

Die Autarkie der antiken Polis bedeutet, daß in ihr der Mensch alles besitzt, was er zum vollkommenen Leben, zum „eu zen" an geistigen Gütern und materiellen Lebensbedingungen braucht. Auf dem Boden der natürlichen Religion fallen politische und Kultusgemeinde bruchlos zusammen. Jede Stadt hat außer den Göttern des Kulturkreises ihre besondere Stadtgottheit, der sie geweiht ist. Das kultische Leben gehört zum sozialen Leben untrennbar, wie man die Luft der Stadt atmen muß, wenn man ihren Boden betritt. Der Staat ist auch die Gemeinschaft der höchsten Güter und, soweit er dies ist, ist er auch autark. Es ist deshalb kein Zufall, daß die Autarkie des Staates gerade in Japan, dem Staate des Kaiserkults, ausgebildet worden ist. Erst hieraus wird dieses Beispiel verständlich.

Dieses grundsätzliche Verhältnis von Staat und Kultgemeinde verändert sich mit dem Auftreten von Offenbarungsreligionen. Die Offenbarung wird allen verkündet und angeboten, aber nicht von allen gehört und angenommen. Sie ist immer mit einer Scheidung verknüpft, die auf der anderen Seite zu einer neuen Gemeinschaftsbildung quer durch alle bisherigen Bindungen führt. Das alttestamentarische Judentum hat zwar in diesem Sinne versucht, zu missionieren und Judengenossen zu machen, hat dies aber nicht im wesentlichen Maße vermocht, weil es der Sache nach in der Nationalreligion steckenblieb und von den Konvertiten die Annahme des nationalen Gesetzes forderte. Erst mit dem Christentum ist der Gegensatz zwischen universaler Offenbarungsreligion und natürlicher Nationalreligion unausweichlich geworden. Harnack sagt in den ersten Kapiteln seiner großen Dogmengeschichte wiederholt, daß Christus ein neues Volk habe gründen wollen. Aber er führt diesen Gedanken nicht weiter. Wenn ein liberaler Theologe eine solche soziologische Tatsache hervorhebt, so muß schon etwas daran sein. Ihre geschichtliche Bedeutung indessen hat erst Spengler erkannt. Er weist darauf hin, daß durch das Christentum das bisherige connubium zwischen benachbarten Gemeinwesen aufgehoben worden sei zugunsten desjenigen zwischen Christen untereinander und Heiden untereinander. Er spricht von der Entstehung „magischer Nationen" und beschreibt diese Erscheinung ausführlich. Genauso besteht heute noch in den konfessionell gemischten Gebieten Europas zwischen den verschiedenen christlichen Konfessionen nur ein beschränktes connubium, und zwar so stark, daß konfessionell isolierte einzelne Dörfer in die Gefahr der Inzucht gebracht werden. Hier ist ein staatstheoretisch ganz entscheidender Punkt gekennzeichnet, derjenige nämlich, wo Nation und Kirche, politische und religiöse Gemeinschaft existentiell zusammentreffen — in der Ehe. Wir sind nur allzusehr gewohnt worden, das Bekenntnis zu einem Glauben als etwas rein Spirituelles, als eine theologische Idee oder gar eine Weltanschauung zu betrachten und diesen wesenhaften Sinn zu übersehen, der auch in der natürlichen Lebensgemeinschaft die Gemeinschaft der höchsten Güter erfordert. Es ist in diesem Zusammenhange interessant, daß die Fruchtbarkeit gemischter und dissidentischer Ehen bedeutend geringer ist als diejenige ungemischter konfessionsgleicher.

Nun hat Spengler die Bedeutung jener Erkenntnis dadurch herabgemindert, daß er sie in seine Theorie vom magischen Zeitalter als der ersten Epoche der abendländischen Geschichte einbezogen hat, während es sich in Wahrheit um eine zu allen Zeiten wirksame Tatsache handelt. Sie ist freilich dadurch wieder verdunkelt worden, daß nach wenigen Jahrhunderten ganze

Völker das Christentum gleich einer Nationalreligion annahmen und innerhalb der Kirche mit sehr deutlichen Auswirkungen natürliche und Offenbarungsreligion zusammenflossen, wie es vielleicht am sinnfälligsten in dem gutkatholischen Heidentum Südfrankreichs und Süditaliens erkennbar ist. Dessenungeachtet ist die Tatsache, daß die Christenheit ein Volk geworden war, in Staatstheorie und Staatspraxis von der größten geschichtlichen Bedeutung geworden, die freilich von der positivistischen Staatslehre nicht gesehen worden ist. Im Verhältnis zu der einen Christenheit sind die Völker als natürliche Geburts- und Fortpflanzungsgemeinschaften nicht aufgehoben, sondern nur in ihrer Stellung und Bedeutung verändert worden. Ihre ursprüngliche und unableitbare Selbständigkeit drückt sich darin aus, daß ihre Könige alle staatlichen und Hoheitsrechte besitzen und ausüben, das Recht Krieg zu führen und Frieden zu schließen so gut wie die oberste weltliche Gerichtsbarkeit. Aber es ist zugleich bezeichnend und folgerichtig, daß die Kirche sich die Gerichtsbarkeit auf dem Konkurrenzgebiete beider Gewalten, auf dem Gebiete der Ehe vorbehielt. Das einzige Recht jedoch, welches unbestritten dem universalen Kaisertum als weltlichem Repräsentanten der christlichen Einheit zustand, war das Recht der Verleihung des Königstitels. Ohne seine Genehmigung wagte kein christlicher Fürst, sich diese Bezeichnung beizulegen. Kaiser Maximilian I. hat mit Erfolg dem Herzog von Burgund diesen Titel verweigert. Damit ist zunächst symbolisiert, daß den Königen alle Hoheitsrechte zustehen sollen, aber nicht das höchste und letzte, daß die höchste Gewalt nur eine in der Christenheit sei. Bezeichnenderweise ist der Königstitel fast ausschließlich solchen Fürsten zugebilligt worden, welche Volksoberhäupter waren. Es ist Napoleon vorbehalten geblieben, als Usurpator des Kaisertitels zur Erhöhung seines eigenen Glanzes deutsche Fürsten zu Zaunkönigen zu erhöhen und damit im Sinne der französischen Politik die Existenz eines deutschen Volkes zugunsten der Theorie von den „deutschen Völkern" zu verneinen. Dementsprechend ist auch, solange diese Gemeinsamkeit in Kraft stand, unter christlichen Völkern die Anwendung schrankenloser Gewalt ausgeschlossen gewesen. Es hat unter ihnen keine Vernichtungskriege gegeben. Solche gab es nur gegen Heiden und gegen Ketzer, die sich aus ihrer sakramentalen Gemeinschaft entfernt hatten und deren Schutz deshalb nicht mehr genossen. Das große Beispiel ist der Deutsche Orden. Er führte zwei Jahrhunderte Vernichtungskriege gegen die heidnischen Litauer mit Unterstützung und Billigung ganz Europas. Als die Litauer das Christentum annahmen, fiel diese moralische und praktische Unterstützung fort, und der Orden erlitt in der ersten Schlacht von Tannenberg (1410) eine entscheidende Niederlage. Die geistliche Einheit des Abendlandes wurde durch die gemeinsamen Lebensregeln des Priestertums, die weltliche durch die Lebens- und Kampfregeln des ebenso übervölkischen Rittertums gewährleistet. Sie hob Kampf und Krieg nicht auf, aber schloß die Anwendung letzter kriegerischer Mittel

— zeitweilig sogar die Legung eines Hinterhaltes im Kriege — aus und wandelte diesen zum Wettkampf und Gottesgericht. Diese Haltung ist in den ritterlichen Traditionen des Offizierskorps aller alten europäischen Heere fortgepflanzt worden, bis sie in der Gegenwart durch den Satz „Der Zweck heiligt die Mittel" ebenso wie durch den Kreuzzugsgedanken und die Verächtlichmachung des Gegners preisgegeben wurde. Aber diese Preisgabe ist sehr stark und unmittelbar empfunden worden. Die Ächtung des Krieges hat diesen nicht beseitigt, sondern ihn nur seiner agonalen und Rechtsform beraubt.

Diese Gemeinschaft christlicher Völker hat sich im Laufe des 19. Jahrhunderts in den Kriegsregeln der Haager und Genfer Konventionen verweltlicht. Hier ist an die Stelle der Grundsätze der christlichen Ritterlichkeit die Gemeinsamkeit des humanitären Weltbildes getreten. Aber in dem Augenblick, wo man eine umfassende und allgemeine Wirksamkeit dieser Grundsätze hätte erwarten sollen, ist gerade das Gegenteil eingetreten: die Sprengung und Spaltung dieser Gemeinsamkeit durch Staaten, die deren Gesetze nicht oder nur sehr bedingt anerkennen, der faschistischen und bolschewistischen Staatengruppen. Die Freunde des Fortschritts und der Zivilisation sehen sich in einer objektiv grotesken und subjektiv erbitternden Weise um die Früchte ihrer Bestrebungen geprellt. Denn in jenen Staaten wird nunmehr das Recht der Klasse oder der Rasse oder der Einzelnation zum absoluten Wert gesetzt, und dieser oberste Wert kann im Konfliktsfalle anderen Werten nicht untergeordnet werden. Die Verallgemeinerung jener Wertbegriffe hat sie gerade wirkungslos gemacht. Die Gründe dieser Erscheinungen gehören in den besonderen Teil dieser Arbeit; hier genügt es, die Tatsache zu sehen und staatstheoretisch auszuwerten.

Sie erklärt zunächst die sehr verschiedene Bedeutung der Grenze bis in die alltägliche Praxis. Wo der Staat einen solchen höchsten Wert einschließt, wird die Verbindung über die Grenzen hinaus nicht mehr als eine das eigene Leben bereichernde und notwendige Form der Gemeinsamkeit, des Austausches und der Ergänzung angesehen, sondern sorgfältig kontrolliert und mißtrauisch eingeschränkt, damit die Gültigkeit jener zentralen Werte nicht in Frage gestellt werde. Die Anfrage Chiles an die UNO über die Verweigerung der Ausreise sowjetischer Ehefrauen nichtsowjetischer Männer aus Rußland trifft inhaltlich ganz den entscheidenden Punkt. Ob sie formell berechtigt ist, hängt davon ab, ob die UNO eine verbindliche Gemeinschaft gewisser humanitärer Glaubensgrundsätze oder nur ein diplomatischer Kongreß in Permanenz ist.

Als Obersatz folgt aus dem Gesagten: Der Staat ist autark, wenn und soweit er die höchsten Güter einschließt. Er gibt seine Existenz preis, wenn und soweit er die Grenzhoheit preisgibt. Autarkie und Aufhebung der Grenzen sind die Minimal- und Maximalgrenzwerte völkerrechtlicher Vergemeinschaftung. Zugleich ergibt sich hieraus eine Doppelung des Souveränitätsbegriffs: Institutionelle Souveränität, d. h. Unableitbarkeit besitzt notwendig jeder Staat, eschatologische Souveränität, d. h. Autarkie nur derjenige, mit dessen Bereich der Gültigkeitsbereich eines höchsten Wertes zusammenfällt, wie es beispielsweise beim japanischen Kaisertum der Fall war, beim Bolschewismus der Fall ist. Wenn heute die Oberhäupter der kommunistischen Parteien Westeuropas verkünden, daß sie im Konfliktsfalle die sowjetischen Armeen als Befreier begrüßen würden, so bedeutet diese Lossagung von der nationalen Gemeinschaft nicht den Volksverrat zugunsten Rußlands, sondern das Bekenntnis zur magischen Nation der bolschewistischen Kirche. Der pseudo-religiöse Grund dieser Erscheinung wird von der übrigen Welt nur nicht begriffen. Die Zurückdrängung der nationalen Souveränität bis zur Aufhebung im heutigen bolschewistischen Ostblock ist nur so voll verständlich. Nach der Epoche der nur scheinbar vollsouveränen Nationalstaaten sind an Stelle des einen christlichen Abendlandes zwei, bis 1945 drei Staatensysteme entstanden, in denen jeweils die humanitäre, die materialistische und die naturalistische Ideologie verbindend wirkten und wirken. Die Scheinsouveränität der Nationalstaaten hat solange andauern können, als die Gültigkeit übernationaler, universaler Werte sich im Umbruche zwischen dem Christentum und den modernen Ersatzreligionen befand. Die Tendenz zur Aufhebung aller partikularen, traditionell-natürlichen Besonderheiten ist in beiden heute übriggebliebenen Systemen sehr deutlich. Der leidenschaftliche Kampf des orthodoxen Bolschewismus gegen Trotzkismus, Titoismus und alle nationalen Färbungen seiner Lehre wie gegen das Bauerntum als den Inbegriff aller schöpfungsmäßigen bodenständigen Gemeinsamkeiten ist der lebendige Beleg dafür. Sie haben schon zur fast völligen Aufhebung der Eigenstaatlichkeit der Satellitenstaaten geführt. In der Methode völlig anders, aber in der Tendenz kaum weniger deutlich ausgeprägt sind die Bestrebungen auf der Westseite. Mit ganz entsprechender Unbefangenheit und Entschiedenheit vertritt der Träger einer universalen Idee deren Ansprüche gegenüber jeder Besonderheit. Daß eine universale Gemeinschaft die partikulare Existenz nicht aufhebt, sondern gerade entfaltet, die polare Spannung zwischen Individualität und Universalität erhält, setzt eine Entfaltung des Persönlichkeitsbegriffs voraus, wie sie geschichtlich nur im Bereich des Christentums vorhanden gewesen ist.

Es ist immer wieder versucht worden, nach der Zerstörung des Heiligen Römischen Reiches Deutscher Nation diese europäische Gemeinschaft wieder zu erneuern — Napoleon hat es ebenso versucht wie Hitler. Beide Versuche sind an dem nationalen Freiheitswillen der Völker unter der Führung Englands gescheitert. Beide Tendenzen sind immanent vorhanden, aber nicht mehr fähig, zueinander zu finden. Revolutionäre und säkulare Politiker sind keine legitimen Erben — zwischen nationalem Partikularismus und universaler Idee fehlt die verbindende Mitte. Der faschistische Versuch, das Recht der partikularen Existenz absolut zu setzen, war allem Irrationalismus zum Trotz ein rationalistisches Unternehmen, das zur Vergewaltigung der freien Völker ebenso führte, wie es im Bolschewismus heute der Fall ist. Beide Bewegungen haben ein eigenartiges Schicksal gehabt. Aus dem Versuch des Nationalsozialismus, das Recht allein des deutschen Volkes zu vertreten, aus dem Gedanken, er könne keine allgemeingültige Lösung sein, entwickelte sich ein unteilbarer Kampf um die Herrschaft eines politischen Prinzips in der ganzen Welt. Der Bolschewismus dagegen, der alle völkischen Tendenzen bis zur Verödung blühender Provinzen bekämpfte, ist unversehens zum Träger großrussisch-orthodoxer und allslawischer Ansprüche geworden. Die Doppelexistenz des Menschen, der an natürlichen wie an universalen Werten teilhat, kann nicht willkürlich aufgehoben werden. Sie ist allein in der Konzeption der christlichen Völkergemeinschaft begrenzte Wirklichkeit geworden. Der Anspruch der alleinigen Rechtgläubigkeit, der mehr als von jeder anderen Konfession in der griechischen Orthodoxie erhoben wurde, bedeutet in der Lage Rußlands nicht allein eine anspornende Kraft, sondern zugleich eine gefährliche Isolierung; es rächt sich heute am Russentum, daß es sich frühzeitig aus der abendländischen Gemeinschaft gelöst und in dem Bereich seiner Glaubensgemeinschaft von jeher keinen gleichwertigen und gleichberechtigten völkischen Partner gehabt hat.

Mit der Einführung des Begriffes der eschatologischen Souveränität sind auch neue Gesichtspunkte für das Völkerrecht gewonnen. Wenn Völkerrecht nur auf der Grundlage gemeinsamer höchster Werte bestehen kann, so können zwar auch ohne dies Verträge abgeschlossen werden, aber sie sind unvermeidlich speciales lege imperfectae, weil ihnen die metajuristische Garantie fehlt. Der naturrechtliche Satz „pacta sunt servanda" ist nur eine petitio principii, weil hier gerade das postuliert wird, was erst noch gesichert werden muß. In jedem Gastvertrag primitiver Völker ist diese Garantie in der Anrufung der beiderseitigen Götter gegeben, zwar nicht in der Gemeinsamkeit, aber in der Gleichwertigkeit und Gleichartigkeit der Gottesvorstellungen der natürlichen Religion. Der Vertrag wird unter den rächenden Zorn Gottes gestellt, der den Bruch jenes Eides strafen wird. Der Mangel einer Garantie zeigt sich heute besonders deutlich in dem Verhältnis der Westmächte zur Sowjetunion. Es zeigt sich, daß die Konventionen der formalen Logik und der diplomatischen Höflichkeit nur eine scheinbare Sicherung darstellen.

Jene Grenzwerte der Autarkie und der Aufhebung der Grenzen zeigen zugleich die Grenzen der möglichen Gehalte völkerrechtlicher Vereinbarungen an. Sie bewegen sich zwischen dem Minimum der allgemein anerkannten unbestrittenen Regeln des Völkerrechts, beispielsweise dem Rechte der Gesandtschaft, und dem Maximum einzelner Verträge. Die Grenze dieser Verträge liegt dort, wo der Satz eingreift: „ultra posse nemo obligatur", wo die physische Unmöglichkeit mit dem unsittlichen Gehalt zusammentrifft.

Wie im Kaufmann von Venedig kann das Unverfügbare nicht verfügbar gemacht werden, die Selbstentäußerung nicht zum Inhalt rechtlichen Verlangens gemacht werden. Man kann zwar unter gegenseitigem Verzicht auf Souveränitätsrechte einen Staatenbund schließen, aber man kann nicht einseitig den Verzicht auf wesenbegründende Staatsrechte vereinbaren, die die Eigenexistenz berühren, deren Verlust diese aufhebt. Die Anerkennung der gemeinsamen obersten Werte schließt die Anerkennung der Existenz des anderen in ihrer Unaufhebbarkeit ein. Jenes Minimum und Maximum sind nicht nur Grenzwerte, sondern zugleich reziproke Gesichtspunkte, die einander bedingen. Jenseits dessen besteht keine Völkerrechtsgemeinschaft, sondern beginnt das Unterwerfungsverhältnis. Die Zeitlosigkeit östlichen Denkens, die die dialektische Geschichtlichkeit des abendländischen Geistes transzendiert, steht dem Gedanken des Völkerrechts wesensfremd gegenüber.

B. Gericht: Ende des Staates

Hat der Staat inhaltlich Grenze und Ziel in unversalen Werten, so hat er auf einer anderen Ebene betrachtet auch ein zeitliches Ende. Gemeinschaft und Endgericht, Bewahrung des Lebens in der Gemeinsamkeit des Heils und Tod als Ziel des natürlichen Lebens stehen in tiefer Bezüglichkeit im dritten Artikel des christlichen Glaubensbekenntnisses, stehen in der gleichen Bezüglichkeit im Bereich der realen Soziologie. Dieses Moment wird freilich vernachlässigt, wenn man den Staat rein idealistisch als Begriff und damit freilich als unsterblich ansieht — losgelöst von seinem konkreten Schicksal. Der Staat als Ordnung mag währen bis ans Ende der Tage: der konkrete Staat stirbt seinen Tod. Die ernsten Worte Gottfried Kellers im Fähnlein der sieben Aufrechten über den Tod der Völker sind eine seltene Besinnung, die auch für die Staaten gilt. Die debellatio eines Staates durch den anderen wie die Karthagos durch Rom ist freilich ein Vorgang von brutaler Tatsächlichkeit, der kaum Anlaß zu theoretischen Erwägungen zu geben scheint. Aber deutlich anders ist es schon innerhalb einer Staatengemeinschaft. Der Teilung Polens hat immer ein Odium angehangen; man ist versucht, an das Wort der Schrift zu erinnern: „Es muß ja wohl Ärgernis kommen, aber wehe dem, durch den Ärgernis kommt." Die Teilung Deutschlands beginnt sich als ein gleiches Skandalon zu offenbaren.

Krieg und Revolution sind die Formen, in denen der Tod an den Staat herantritt. Aber nicht der Krieg als äußere Gewalt, sondern die Revolution als innerer Vorgang nötigt zu grundsätzlichen Betrachtungen. Nachdem dargelegt wurde, in welchem Umfange revolutionäre Vorgänge den Ursprung von Staaten bilden, rundet sich der Kreis mit der Erörterung der Gründe, die zur Revolution führen. Scheidet man äußere mechanische Ursachen der Staatszerstörung nach der Art von Unfällen und Verwundungen wie den Tod im Kriege aus, so stirbt ein Gemeinwesen durch irgendeine Hemmung lebenswichtiger Funktionen, insbesondere des Regierungsstoffwechsels. Das funktionale und Bewußtseinskontinuum des Staates ist einer ständigen personalen und sachlichen Fortbildung unterworfen, die nicht gehemmt werden darf, ohne schwere Krankheitserscheinungen hervorzurufen. Die revolutionäre Beseitigung eines überlebten Staatszustandes aber ist nicht der entscheidende Fall der „Großen Revolution", noch weniger der moral-theologische Schulfall der Beseitigung eines „Tyrannen". Einen Tyrannen hat immer nur, der ihn verdient, ein Staatswesen, das aus eigener Kraft seine normalen Verfassungsfunktionen nicht mehr zu vollziehen vermag. Die antike Tyrannis, die den Namen dafür hergegeben hat, liefert auch die klassischen Beispiele dieser Erscheinung: durch solche Revolutionen wird das Kontinuum eines Staates nicht zerbrochen, sondern unter Umständen erst bestätigt und wiederhergestellt. Die echte Revolution ist ein viel tiefer greifender Vorgang. Sie drückt Veränderungen in der tragenden Substanz des Volkes aus, die allmählich zum Bewußtsein und dann zum politischen Ausdruck kommen. Die rassischen Hintergründe der russischen, französischen und zum Teil der englischen Revolution sind zwar manchmal von Rassentheoretikern überschätzt worden, bedürfen aber der Untersuchung. Sie sind gewiß nur eine Seite des Problems: Völker weiblichen Typus machen mit dem sadistischen Haß des von Natur Unterlegenen häusliche Revolutionen, männliche Völker führen Freiheitskriege gegen den äußeren Feind. Deutschland hat neben anderen Gründen deswegen keine große Revolution gehabt, weil es gegen seine eigene homogene Substanz nicht meutern konnte. Die planmäßigen Versuche, Revolutionen durch substantielle Vernichtung ganzer Schichten zu vollenden, wurden schon gewürdigt.

Der zweite Grund für revolutionäre Erscheinungen sind neben den Substanzveränderungen tiefgreifende Bewußtseinsspaltungen. Die Gründe für das Auftreten ideologischer Spaltungen liegen außerhalb der Staatslehre als solcher, sie müssen aber als Tatsache verzeichnet werden. Unverkennbar liegt eine steigende Anfälligkeit des modernen Menschen hierfür vor.

Das Recht der Revolution ist in der staatstheoretischen Literatur des neunzehnten Jahrhunderts mit vielfältigen theologischen und juristischen Gründen umstritten worden, die zu wiederholen sich erübrigt. Der berühmte Briefwechsel Bismarcks mit Gerlach in den „Gedanken und Erinnerungen" enthält wesentliche Teile dieser Auseinandersetzung. Sicher ist, daß niemand sich durch die halbreligiöse Gesetzlichkeit der formalen staatsrechtlichen Legitimität vor dem geschichtlichen Zwang zu revolutionären Handlungen bewahren kann. Das beste Beispiel ist das Schicksal des alten Deutschen Reiches. Es ist zu einem politischen Monstrum durch das Prinzip der Legitimität und der wohlerworbenen Rechte, praktisch durch das Verbot der

Einziehung von Lehen geworden und hat sich mit dem revolutionären Akt des Reichsdeputationshauptausschlusses von 1803 selbst entleibt. Fiat privilegium, pereat imperium — war sechshundert Jahre die Devise der deutschen Politik.

Aber ein echtes Wahrheitsmoment besaß der alte Legitimismus, wenn er die Revolution wie eine Todsünde verabscheute und wie eine Art staatsrechtlichen Sündenfall darstellte. Die Unterbrechung der staatlichen Kontinuität ist ein Vorgang von erstrangiger Bedeutung; noch mehr: nur in Ausnahmefällen hat bisher ein großes Gemeinwesen die Folgen eines solchen Ereignisses überstehen und ausheilen können. Die tiefgreifenden Spaltungen, welche sämtliche großen Staaten des europäischen Kontinents durchziehen, Spanien so gut wie Frankreich und Deutschland sind der Ausdruck der Aufhebung ihrer staatlichen Kontinuität durch Revolutionen. Allein England hat vermöge des einzigartigen Tatsachensinnes seines Volkes diese Erscheinungen überwinden können, aber auch dies nicht ohne eine Lähmung seines sozialen Fortschrittes für die Dauer von fast hundertfünfzig Jahren. Der Schreck des im tiefsten Grunde konservativen englischen Volkes über die Rechtszerstörung der Revolution war so groß, daß Generationen lang auch der verstaubteste Rechtstitel eine selbst für England ungewöhnliche und durch nichts gerechtfertigte Heiligkeit erlangte. Trevelyan schildert diese Erscheinung in seiner englischen Geschichte. Nur so hat England trotz der noch andauernden Spaltung zwischen Staatskirche und Dissenters diese Erscheinungen schließlich überwinden können. Der Starrsinn der Stuarts und der kluge Verzicht der Torys von 1688 auf legitimistische Prinzipienreiterei haben England davor bewahrt, sich in ebenso unheilbaren Gegensätzen festzufressen wie die Völker des Kontinents. England bietet das Beispiel eines Mannes, der den Bruch der Wirbelsäule ausgeheilt hat — aber es steht damit auch als Sehenswürdigkeit da. Alle anderen Staaten sind einem unabsehbaren Siechtum verfallen, als sie die gleichen Unfälle erlitten. Das hat einen ganz bestimmten Grund: mit der Kontinuität als einer scheinbar und äußerlich und vielfach in der Auffassung ihrer Verteidiger sehr formalen Tatsache verknüpft sich wie eine zweite Dimension, wie die Breite mit der Länge, die Ganzheit eines sozialen Körpers: wird die Kontinuität gestört, so zerbricht auch die Ganzheit — und die nachwachsenden und heilenden Kräfte sozialer Bindung und Loyalität knüpfen wie bei einem schlecht gerichteten Knochenbruch an zwei verschiedenen Enden an statt zusammen weiterzuwachsen. Auf beiden Seiten stehen erfahrungsgemäß positive Kräfte und können nicht mehr zueinander kommen; der unbefangene und an dem Streit unbeteiligte loyale Mensch findet keinen Anschlußpunkt mehr und verfällt der Zerstreuung, wird nicht mehr erfaßt. Solche Dinge wird freilich ein typischer Revolutionär in der Befangenheit seines Pathos niemals sehen. Diese Bewußtseinsspaltung führt indessen nicht nur zu unüberwindlichen subjektiv-politischen Gegensätzen, sondern auch zu objektiven staatsrechtlichen Erscheinungen. Aus der Diktatur auf der einen und der Revolution auf der anderen als singulären Krisenerscheinungen werden Dauerzustände und Grundsätze. Auf der einen Seite steht in sehr verschiedenen Formen die Revolution in Permanenz. Die Vorstellung der jederzeitigen Ablösbarkeit der Regierung, die die Selbständigkeit der Exekutive und damit eine folgerichtige Regierungstätigkeit völlig in Frage stellt, ist die verhältnismäßig harmloseste Form. Eine quantitative, aber durchaus entsprechende Steigerung ist die Vorstellung vom Staate als einer nach eigener Gesetzlichkeit vorschreitenden Bewegung, oder vielmehr die Ablösung des Staates durch diese. Eine Verflüssigung des Staates tritt ein wie eine Rückbildung der erkalteten Erde in einen vorzeitlichen Sternnebel. In dieser Umformung tritt scharf der Gegensatz zwischen den Trägern dieser Bewegung und der Masse der Geführten hervor. Die Revolution scheint immer gefährdet und die Revolutionäre (oder die Demokraten) scheinen immer in der Minderheit.

Auf der anderen Seite sucht die Diktatur unter legitimistischen oder nationalistischen Vorzeichen um jeden Preis die aufgehobene Einheit mit äußeren Zwangsmitteln wieder herzustellen und das zerbrochene Kontinuum traditionalistisch zu sichern. Auch der bekannte Zusammenhang zwischen Cäsarismus und Massenherrschaft deutet sowohl auf eine Desintegrationserscheinung wie auf eine Veränderung des politischen Aggregatzustandes.

Da es sich hier nicht um eine geschichtliche, sondern um eine staatstheoretische Erörterung handelt, ist nur das Grundsätzliche zu entnehmen: Es ist ein entscheidender Unterschied zu machen zwischen substantiellen und ideologischen Revolutionen einerseits und solchen der bloßen politischen Willensrichtung andererseits. Die bloße Änderung der politischen Taktik eines Staates, seines Kurses, ist freilich nicht immer ein so harmloser Vorgang wie das Abtreten eines parlamentarischen Ministeriums nach einem Mißtrauensvotum. Mit den bisherigen Zielen erscheinen plötzlich auch die bisherigen Mittel und Personen verwerflich. Der leitende Staatsmann, in dessen Person sich ein bestimmtes außen- oder innenpolitisches System verkörpert, muß mit dem Leben für sein Beginnen einstehen. Dieses politische Gesetz haben immer wieder in der Geschichte Staatsmänner mit dem Leben bezahlt, die nicht schlechter waren als ihre Gegner. Um der Neuintegration des politischen Willensverbandes willen wird der entgegengesetzte Integrationsträger ausgeschieden. Daraus aber ergibt sich zugleich die Einsicht, daß diese Neuintegration sich auf dem Wege der politischen Gerichtsbarkeit immer nur gegen den Führer, sinngemäß niemals gegen die Geführten richten kann. Nur soweit sie Integrierende, nicht Integrierte sind, hat es Sinn, sie auszuschließen. Andererseits vollzieht sich diese Revolution nicht gegen, sondern vor dem Souverän. In den blutigsten Kämpfen rivalisierender Adelsgruppen und politischer Parteien wird immer und grundsätzlich die

Fiktion aufrechterhalten, daß der König außerhalb stehe, daß es nur darum gehe, nicht ihn, sondern seine schlechten Ratgeber auszuschalten. Der Souverän, sei es Fürst oder Volk, ist notwendig unverletzlich. Aus diesem Gesichtspunkt zeigt sich sehr deutlich ein entscheidender Unterschied der Revolutionstypen: Die substantielle und die ideologische Revolution richten sich gegen den Souverän, suchen ihn und damit den höchsten und Leitwert des Staates durch einen anderen zu ersetzen; die politische Revolution sucht unter Anerkennung der bestehenden Souveränität eine Neuintegration des Willensverbandes herbeizuführen.[1]

Greift nun eine revolutionäre Bewegung als neuer Willensverband, als Staat im Staate, als Staat im Entstehungszustande die Kontinuität des bestehenden Staates an, so wehrt sich dieser wie jedes Lebewesen sich gegen den Tod wehrt. In der Notwehr gibt es keine Kampfesregeln. Die Revolution hebt in der direkten Aktion die Rechtsordnung auf, der Staat antwortet mit der Diktatur des Ausnahmezustandes. Die militärische wie die Zivildiktatur treten im Zustande der Existenzbedrohung von außen oder innen ein: außenpolitisch im Kriege, innenpolitisch in der Revolution, beide in der juristischen Form des Ausnahmezustandes. Auch das demokratische England hat während des Krieges unbedenklich seine traditionellen bürgerlichen Freiheiten auf das Einschneidendste eingeschränkt. Wie der Körper im Falle lebensgefährlicher Verletzung oder Aushungerung alle Funktionen reduziert, alle Reserven einsetzt, auch die Muskeln und Organe angreift und aufzehrt, um die zentralen Organe zu retten, so wird zur Erhaltung des Staates in Krieg und Revolution die normale bürgerliche Ordnung im Ausnahmezustand unweigerlich aufgehoben. Eine strenge Hierarchie zwischen wesentlichen und unwesentlichen Menschen, Rechten und Werten tritt hervor. Von der Erhaltung des Willenszentrums hängt schlechterdings alles ab. Das Gesetz wird zerbrochen, um die Quelle des Gesetzes zu retten. Im Staate wie im königlichen Spiel des Schachs ist der König nicht der stärkste, sondern der wichtigste, den es durch die Aufopferung jedes anderen Steines zu schützen gilt. Souverän ist nach Carl Schmitt, wer über den Ausnahmezustand entscheidet — man kann dieses treffende Wort ergänzen: Souverän ist der, der auch im Ausnahmezustand in Funktion bleibt, um dessentwillen er verkündet wird. Mit diesem Worte Schmitts ist der eschatologische Charakter dieses Vorganges angedeutet: Wer über die letzten Dinge verfügt, ist in der Tat souverän.

Krieg und Revolution, dieses ungleiche Zwillingspaar von so gleichen staatsrechtlichen Wirkungen haben in der politischen Theorie eine seltsam gegensätzliche Wertung erfahren. Wer den Krieg als eine unvermeidliche Erscheinung im Völkerleben ansieht und sich kühl darauf einstellt, pflegt

---

[1] Vgl. hierzu die Schrift des Verfassers „Politische Gerichtsbarkeit".

die Revolution als eine willkürliche Störung der entscheidenden politischen Vorgänge, als einen Akt pöbelhafter Richtungslosigkeit zu verachten. Wer mit sittlichem Pathos das Recht auf Revolution für die Unterdrückten gleichviel welcher Art proklamiert, pflegt den Krieg als eine dumme Barbarei ehrgeiziger Fürsten und Generale, als die Machenschaft skrupelloser Kapitalisten zu verachten. Der Wahrheitsgehalt beider Anschauungen ist gleich fragwürdig. Wer das „Ob" schlechthin vor das „Wie" setzen will, muß gehorsam leiden wie Hiob. Aber das ist eine geistliche, keine politische Haltung, die in diesem Raume von einem bestimmten Punkte ab ihren Sinn verliert. Wer das „Wie" schlechthin vor das „Ob" setzt, kommt auf der anderen Seite folgerichtig zur Aufhebung des Staates. Beides transzendiert daher notwendig nach beiden Seiten den Raum des Politischen, konkret den Staat. So erweist sich dieser als ein echter „Zwischenraum" zwischen transzendent-institutioneller Setzung und transzendent-eschatologischer Aufhebung, zwischen Schöpfung und Gericht.

Offensichtlich sind die Blickpunkte gänzlich verschieden, die Mittel dagegen nur in sehr geringem Maße. Ob Revolutionen und Bürgerkriege wirklich wesentlich weniger blutig und sozial zerstörend sind als Kriege, ist noch sehr zweifelhaft. Gewaltsam sind die einen wie die anderen. Wem es auf dieser Welt auf letzte Dinge mit wirklicher Entschlossenheit ankam, der hat so oder so auf die ultima ratio dieser Welt, die körperliche Gewalt nicht verzichten können und wollen. An irgendeinem Scheidewege muß unabweisbar die Frage ausgetragen werden, in welcher Richtung der Weg der Geschichte weitergegangen werden soll. Man kann diese Entscheidung sehr weit zurückstellen — man kann sie nicht aufheben, als durch die Indifferenz des Verzichts auf geschichtliche Existenz, des Verzichts auf Entscheidung. Kein Gesetz vermag den Menschen dieser Entscheidung zu überheben: Sie ist so unausweichlich wie der Tod. Wer ihr aber ausweicht, der ist schon gerichtet: Und abermals ist uns gesagt: Wer sein Leben lieb hat, der wird es verlieren. Er wird zur Beute dessen, der sich zu entscheiden instande ist. Aber nur eine letzte Überzeugung, eine Rechtfertigung vor letzten Werten ermöglicht die Entscheidung, welche diese Werte auch immer sein mögen. Wer sich keinem Herren unterwirft, ist herrenlos und wird dadurch gerade zum Objekt, daß er sich dieser Preisgabe zu entziehen trachtet. Der Zustand Frankreichs während des Panama-Skandals war derart, daß es nach einem berühmten Wort nur eines kleinen Fingers bedurft hätte, um das System zu stürzen. Aber niemand erhob diesen Finger, weil niemand die letzte Rechtfertigung fühlte, und damit die letzte Nötigung es zu tun. Wonach aber eben diese letzte Entscheidung zu treffen ist, das bleibt die Frage. In jener gegensätzlichen Bewertung der gleichartigen Erscheinungen des Krieges und der Revolution stehen sich schon wesenhafte Unterschiede gegenüber. Außen- und Innenpolitik, nationale und soziale Gesichtspunkte treten gegensätzlich hervor; sie sind auf eine verhältnismäßig einfache Kernfrage zurückzuführen. Was ist entscheidend, das „Ob" oder das „Wie" der staatlichen, der politischen und menschlichen Existenz. Die populären Antworten hierauf führen nicht weiter. Wir müssen hier mit einer schlechterdings grenzenlosen Naivität, mit einem unbefangenen und vollständigen Mangel an Selbstkritik rechnen. Die Selbstverständlichkeit, mit der die Angelsachsen die Auswanderung oder die Revolution gegenüber einem mißliebigen System erwarteten oder verlangten, hat uns die Unterschiede gezeigt, die hier im Bewußtsein der Völker vorhanden sind. Eine tiefere Erkenntnis dieser Probleme aber ist nur aus einer systematischen Klärung der Frage zu gewinnen, auf die die Untersuchung hingeführt hat, auf die Frage nach den Zwecken des Staates, nach seiner Teleologie. In ihr finden sich auf einer neuen Ebene der Betrachtung die ontologischen Probleme des Staates sinngemäß wieder.

Zweiter Teil
Teleologie des Staates
Zwecke, Funktionen und Stände

4. Kapitel
Die Staatszwecke: Machtzweck — Wohlfahrtszweck — Rechtszweck

Mit der Frage nach der Teleologie des Staates kann und soll nicht stillschweigend vorausgesetzt werden, daß der oder die Zwecke des Staates ein dessen ontologische Merkmale und Wesenheit transzendierendes Moment seien. Mit dem Begriff des Telos, des Ziels, ist der Staat in die Reihe der Erscheinungen irdischer Vergänglichkeit, der Zeitlichkeit eingereiht. Daß er ein ihn rechtfertigendes Jenseits besitze, ist damit noch nicht behauptet und bewiesen; ob er es besitzt, kann gerade erst im Laufe der Untersuchung geklärt werden. Gerade der Ertrag der ontologischen Betrachtung nötigt zur Vorsicht. In der Denkform zeitlicher Betrachtung hat der Staat wie ein Lebewesen Schöpfung, Entfaltung und Ende; auf der Ebene der reinen Ontologie dagegen kann man von dem Merkmal der zeitlichen Entwicklung ganz absehen und erkennt in seiner Unableitbarkeit, Ausschließlichkeit und Unaufhebbarkeit drei Seiten des gleichen Wesens, nicht als Phasen, sondern als gleichzeitige Ausdrucksformen derselben Erscheinung: der Eigenständigkeit des Staates als eines Gemeinwesens umfassender Art.

Der Begriff Staat ist freilich relativ jung und erst von der Renaissance ab nachweisbar. Er ist daher kaum als Frucht urtümlicher Erkenntnisse, traditionaler Weisheit zu werten. Als status rei publicae tritt er in der antiken Literatur nur gelegentlich auf. Status als Staat, ferner als „Stand", als politisch-soziale Lage und besondere personenrechtliche Qualifikation, und schließlich als Zustand im Sinne der verfassungsrechtlichen Zusammenordnung politischer Faktoren sind drei Seiten desselben Begriffes. Der allgemeine Begriff Status steht seltsam schillernd zwischen den beiden letzteren. Er ist der Staat schlechthin, keine Relation, sondern ein personenartiges Ganzes. Von dem einen, dem Stand, unterscheidet ihn der Mangel an jeder speziellen inhaltlichen Bestimmung, wie sie Bauernstand, Ehestand oder jeder sonst denkbare Gebrauch des Begriffs enthält; von dem anderen trennt ihn seine einheitliche Personalität. Zugleich ist der Begriff des Staates jenen beiden anderen sachlich-inhaltlich eindeutig vorgeordnet. So erscheint der Begriff des Standes als die Entfaltung des Staates in der Vielheit und Besonderung politischer Gruppen, während die Verfassung nur seinen Aggregatzustand darstellt. Ihre Festigkeit oder Beweglichkeit, ihre Dichte oder Weite sagt über den verfaßten Inhalt nichts aus; auch sie ist insofern en quelque façon nulle. Beides zusammen deutet aber auf sein Wesen als umfassender Eigenständigkeit. Der sonst so reichen deutschen Sprache fehlt ein Wort, welches den Gesamtinhalt des lateinischen Wortes status in der Verbindung von Staat, Stand und Verfassung zusammenfassend wiedergibt.

Was der Staat so umfaßt und verfaßt, will er erhalten; unbefangen wie das Leben selbst will er sich selbst. Hierzu sagt Smend in seiner Schrift „Verfassung und Verfassungsrecht" (S. 45 f.):

> „Der Staat ist nicht ein reales Wesen an sich, das dann als Mittel benutzt würde, um außer ihm liegende Zwecke zu verwirklichen, sondern er ist überhaupt nur Wirklichkeit sofern er Sinnverwirklichung ist; er ist mit dieser Sinnverwirklichung identisch. Er ist daher also nicht durch teleologische Beziehung auf außer ihm liegende Zwecke zu erklären und zu rechtfertigen, sondern in seiner Substanz als Wertverwirklichung zu verstehen.
>
> Das leuchtet ohne weiteres ein für die Seiten des staatlichen Lebens, die unmittelbare Folgerungen seines Wesens als souveräner Willensverband sind. Machtvolle Herrschaft und Durchsetzung nach innen und außen wird man am leichtesten analog dem psychophysischen Leben des Einzelmenschen als eigenes Wesen des Staates gelten lassen. Weil der Staat auf seinem Boden der Herr sein muß, weil der vitale Machttrieb des Einzelnen durch Anteil an diesem herrschenden Gemeinwesen befriedigt und weil nur so ein Teil zugleich des aufgegebenen Sinnzusammenhangs der Kultur wirklich wird, — deshalb ist der Staat nur wirklich, wenn er im Inneren von rechtswegen und durch tatsächliche Unwiderstehlichkeit seiner Macht herrscht, und wenn er nach außen zu siegreicher Verteidigung imstande ist. a. a. O. (Anm. 1): Es ist deshalb ein angemessener Wesensausdruck eines jeden Staates, wenn er seine staatlichen und insbesondere militärischen Symbole mit Siegessymbolen verbindet und Anatole France übt nur mit halbem Recht seinen Witz an der Neigung jedes Heeres, sich für das erste der Welt zu erklären — für seine Aufgabe ist es seinem Sinne nach unüberwindlich und insofern das erste, zugleich ein nicht unangemessener Ausdruck der wesensmäßigen ‚Unbesieglichkeit der Kulturnationen'. (Wieser, Gesetz der Macht, S. 280, 293)."

Dennoch können und müssen diese Erscheinungen in einem noch etwas abweichenden Sinne unter dem systematisch unabweisbaren Gesichtspunkte der Teleologie des Staates gesehen werden. Smend sagt selbst an späterer Stelle (a. a. O. S. 82 f.):

> „Mit innerem Recht setzt sich in den Staatszwecktheorien in immer neuen Wendungen immer wieder die alte Lehre von der Dreiteilung in Rechts-, Macht- und Wohlfahrtszweck des Staates durch. Sie ist staatstheoretisch unausweichlich, sie stellt sich aber auch immer mehr als rechtstheoretisch unentbehrlich heraus. Der Sinn großer Rechtsbereiche tritt nur so in das richtige Licht. Das haben vor allem James Goldschmidts Arbeiten zum Verwaltungsstrafrecht gezeigt. Denn ihr Grundgedanke ist doch der, daß neben dem Rechtswert als Beherrscher eines Teiles des öffentlichen Strafrechts, vielmehr der öffentlichen Funktionen überhaupt der ‚Verwaltungswert' als ein ganz anderes regulatives Prinzip für einen anderen Teil öffentlicher Funktionen, nicht nur des Strafrechts, steht. Dieser Verwaltungswert aber ist nichts wesentlich anderes als der sonst meist sogenannte

Wohlfahrtszweck. Und neben diese beiden Werte und ihr Verhältnis tritt ein dritter, dessen Besonderheit gerade auch in der Projektion auf juristische Probleme deutlich wird. A. Wegener hat ihn überzeugend nachgewiesen in der Sonderart gewisser justizförmiger Funktionen, die sachlich aber nicht wie sonstige Justiz dem Rechtswert dienen, sondern der Machtdurchsetzung des Staates: Bestrafung bestimmter Kriegsverbrecher, Spione usw. . . . Carl Schmitt hat in der Eigenart der Diktatur und ihrer Akte, in der tiefen Wesensverschiedenheit insbesondere der ‚Maßnahmen' des Artikel 48 der Reichsverfassung von den ‚in einem spezifischen Sinne rechtlichen Normen und Akten' des Staates aufgezeigt. Sein Bereich geht aber viel weiter: Es ist der Staat als beherrschender Wert, wie es Jellinek ausdrückt, seine ‚Erhaltung und Stärkung', . . . die neben den Rechts- und Wohlfahrtswert (oder Verwaltungswert) als dritter gleichgeordneter tritt . . .''

Damit haben wir den Anschluß an die Ausführungen über die eschatologische Souveränität gewonnen. Im systematischen Zusammenhange der drei Staatszwecke steht der Machtzweck logisch, nicht wertmäßig voran. Jedem „Wie" der staatlichen Existenz ist das „Daß" und „Ob" dieser Existenz grundsätzlich vorgeordnet. Aber es fragt sich damit auch von vornherein, bis zu welchem Grade es die anderen Werte verdrängen und beiseitestellen darf. Wenn ein radikaler politischer Ideologe wie Ernst Nikisch die Befreiung Deutschlands vom Joch des westlichen Kapitalismus und des Versailler Vertrages von der bedingungslosen Zusammenarbeit mit Sowjetrußland erhoffte, auf die Gefahr der völligen Zerstörung aller traditionellen und freien Kulturwerte, so zeigt dies am deutlichsten die ganze Problematik des Machtproblems, des Problems des „Ob". Es wird fraglich, ob es Sinn hat, ein Leben zu erhalten, wenn es damit gerade seinen spezifischen Gehalt, seinen Wert, verliert. Die besondere Tragik der deutschen Existenz scheint darin zu liegen, daß es immer nur die Wahl zwischen dem „Ob" und dem „Wie" politischer Existenz, zwischen Einheit und Freiheit hat, daß ihm niemals beides als unangefochtener Besitz zuteil wird. Auch heute könnte Deutschland seine zerstörte Einheit nur wiedergewinnen, wenn es sich den Sowjets an den Hals würfe, aber um den Preis seines Wesens und jeder menschlichen Freiheit; und umgekehrt muß es selbst das Minimum dieser Freiheit mit dem Verzicht auf die Einheit erkaufen, zu deren Wiederherstellung die Westmächte außerstande, zum Teil auch gar nicht willens sind.

Der Satz „lieber tot als Sklav" ist als politische Maxime von einer seltsamen Zweischneidigkeit: Er ist vergleichsweise leicht für den einzelnen zu verwirklichen, schwer für die Nation, die in ihrem Bestande ja doch irgendwie überlebt, aber nur geschwächt um die aktive Kraft ihrer heroisch-pathetischen Vorkämpfer — und ihr bleibt doch auch im Elende noch die Hoffnung, einmal wieder in Freiheit das Gesetz ihres Lebens von neuem zu entfalten.

Aber geschichtliche Entscheidungen werden nicht frei nach ewigen staatstheoretischen Prinzipien, sondern unter dem harten Zwange getroffen, von zwei Übeln das kleinere zu wählen. Von jeher hat sich ein Volk eher der Unfreiheit unter eigenen Führern als den goldenen Ketten einer trügerischen Freiheit unter fremder Herrschaft hingegeben. Der harte Zwang jedoch der Unterordnung aller Lebensfunktionen unter den einen Zweck der Aufrechterhaltung der politischen Existenz als solcher kann neben einer unerhörten Steigerung der Leistungen über eine mönchische Kargheit zu Verengungen und Verhärtungen führen, die allen spartanischen Lebensformen eignen. Bis zu einem gewissen Grade jedoch muß jeder Staat seine Kräfte für dieses „Ob" organisieren. Es ist unbillig, vom Standpunkt der bisher unangreifbaren Vereinigten Staaten und der insularen Lage Englands, dieses Moment verächtlich zu kritisieren, während andere Völker unter dem Druck ewiger Gefährdung in den Waffen schlafen müssen.

Machtzweck und Wohlfahrtszweck sind keine einander entgegengesetzten, einander ausschließenden oder einander übergeordneten Werte, sondern reziproke oder Grenzwerte. Macht bedingt Wohlfahrt und Wohlfahrt bedingt Macht. Ein Machtstaat, der spartanisch jede Wohlfahrt hintanstellt, verengt sich bis an den Rand der Verödung, ein Wohlfahrtsstaat, der eudämonistisch jedermann das Recht auf Glück zu gewährleisten unternimmt, verfällt der opferbereiteren Kraft des Gegners, dem gegenüber er sich schutzlos gemacht hat. Es ist kennzeichnend für die Gegenwart und ihr verengtes eingleisiges Denken, daß man immer nur das eine oder das andere tun zu können glaubt. Der Mensch der Arktis, der, in jeder Minute in schützende Pelze gehüllt, um seine karge Nahrung ringen muß, ist ebensowenig der Träger großer fruchtbarer Entwicklungen wie derjenige der Tropen, in deren erschlaffender Hitze die Natur in ungeheurer Fülle ihre Gaben im Überfluß verschenkt. Auch dieser Überfluß des Lebens ist tödlich. Deshalb sind die großen Kulturentwicklungen von den Völkern der gemäßigten Zonen getragen worden — und oft sind Völker zugrunde gegangen, die von den kargen Hochländern in die reichen Niederungen herabstiegen.

Das duldende Überdauern der Fremdherrschaft ist ein ebenso gefährliches Unternehmen wie der heroische Widerstand um jeden Preis; die Chinesen haben die Mandschus eingeschmolzen und überwunden; die Russen scheinen aus der Tatarenherrschaft schwere dauernde Schäden und Wesensveränderungen davongetragen zu haben.

Macht und Wohlfahrt müssen im dialektischen Verhältnis verstanden werden, in welchem beide Elemente einander stützen und tragen, oder aber gegeneinander gekehrt und isoliert einander zerstören. Man kann beide Zwecke nur sehr bedingt und annäherungsweise mit Außen- und Innenpolitik gleichsetzen, obwohl eine gewisse Tendenz besteht und der Vergleich wenigstens etwas zum Verständnis beitragen kann.

Am schwierigsten ist das Verhältnis des dritten Staatszwecks zu jenen beiden zu bestimmen. Das Recht ist der Ausdruck und Niederschlag derjenigen präjuristischen Wertsetzungen, derjenigen Wertvorstellungen, auf denen die politische Gemeinsamkeit beruht, auf die sie gegründet wurde und gegründet bleiben muß. Jede Gemeinschaft kann nur mit den Mitteln erhalten werden, mit denen sie geschaffen wurde; diese sind ihr Gesetz. Welche Werte dies sind und sein können, interessiert hier nicht. Aus jenem Grund aber ist nach dem Worte Montesquieus die Jurisdiktion immer „en quelque façon nulle", sie besitzt nicht wie jene sozusagen Fleisch und Blut, nur einen abgeleiteten, keinen Eigenwert und kein Eigengewicht. Auffälligerweise findet Carl Schmitt in seiner Verfassungslehre keinen Schlüssel für den unbestimmt empfundenen hintergründigen Tiefsinn dieses Wortes. Das Rechtsbewußtsein, um dessen Verwirklichung es hier geht, stellt gewissermaßen den Pegelstand jener beiden dar. In Ebbe und Flut ist immer ein Meeresspiegel da, aber seine Höhe ist verschieden. Er läßt keine Unebenheiten zu, nicht die Behandlung des Gleichen als ungleich. Sein Gesetz bewirkt, daß keine Welle der Gewalt sich über ihn erhebt, ohne daß ihr ein Wellental der Unterwerfung auf dem Fuße folgt. Der Spiegel besitzt keinen Maßstab und Gehalt, der den des Meeres überschreitet. Dieses Gesetz gilt für alle Menschen innerhalb des Staates wie für alle Völker, die miteinander in Gemeinschaft treten. Mit der Frage transzendent-hierarchischer Ungleichheit oder immanenter Gleichheit hat diese Frage nichts zu tun, um jedes Mißverständnis auszuschließen; es handelt sich immer um das Gesetz derjenigen Einheit, innerhalb deren dieser Ausgleich des Rechts erfolgt. Nicht um die inhaltliche Gleichheit der Rechte, sondern um die Allgemeinheit der Rechts- und Sittenordnung geht es hier. Wir haben andere Wertbegriffe, als der feudalen Gesellschaftsordnung zugrunde lagen; aber wir können ihr nicht für ihre Zeit den Rechtscharakter kraft allgemeiner Anerkennung abstreiten. Solche Versuche werden freilich bei der unbeschränkten Naivität politischen Denkens immer wieder gegenüber früheren oder fremden Rechtszuständen versucht. Der Rechtswert als Gegenstand staatstheoretischer Darstellung muß also von jedem denkbaren Staatsgehalt, von jeder materialen Staatsidee begrifflich getrennt werden. Der Rechtscharakter hört nicht dort auf, wo ungleiche Rechte vorhanden sind, sondern wo der eine sich nicht mehr an das gleiche Gesetz gebunden hält, dessen Respektierung er von dem anderen fordert; das ist das Kennzeichen aller Willkürherrschaft, daß sie sich selbst vom Gesetze des Staates ausnimmt. Auch unterschiedliche Rechtsstellungen haben ihren Rechtscharakter in der Gegenseitigkeit der Rechtsunterworfenheit, in der Zweiseitigkeit des Rechts. Wenn damit der inhaltliche Charakter des Rechts als Mutualismus, als formale Gegenseitigkeit, gekennzeichnet wird, so ist das durchaus kein Beweisgrund gegen diese Auffassung. Die Frage, wieweit aus der Natur des Menschen ein unabdingbarer materialer Gehalt des Rechtsbegriffs gegeben ist, gehört systematisch nicht in die Staatslehre, sondern in die Rechtslehre. Das Recht steht hart zwischen den verschiedenartigsten denkbaren materialen Gehalten und der nackten Gewalt der Willkür, nicht als formale Größe, sondern gerade als echter Grenzwert. So ergibt sich auch in der systematischen Struktur der Staatszwecke eine doppelte Dialektik, eine solche zwischen Machtwert und Wohlfahrtswert als materialem Gehalt untereinander, und zwischen ihnen beiden als materialem Gesamtinhalt des Staatszwecks und dem Grenzwert des Rechts. Dieses aber steht mit dem flammenden Schwert an der Grenze des wohlbebauten Gartens sozialer Kultur, um den ringsherum die räuberische Wüste der Gewalt lauert.

Dennoch steht jede denkbare Rechtsordnung unter dem kritischen eschatologischen Maßstab der Gerechtigkeit, der Gerechtigkeit, die nach dem Schriftwort die Völker erhöht und ihnen langes Leben verheißt, und die zeitliche Gerechtigkeit unter dem der endzeitlichen. Die Dialektik zwischen dem Recht und dieser jedes Recht transzendierenden Gerechtigkeit gehört der Rechtslehre an. Gerechtigkeit ist für das Recht das Gleiche wie das Recht für den Staat: nicht das Erste, sondern das Letzte.

5. Kapitel

Die Funktionen des Staates

Für jeden seiner Zwecke bildet der Staat auch besondere Funktionen aus. Es handelt sich hier nicht um eine erschöpfende Aufzählung der tatsächlichen und möglichen Staatsfunktionen überhaupt: sondern nur um die Darstellung der lebensnotwendigen Grundfunktionen, die unbeschadet ihrer Ausgestaltung im einzelnen unabdingbare Bestandteile seines Wesens sind, zu seiner Entfaltung gehören.

a 1.) Dem Machtwert dient als erste Funktion zunächst die Außenpolitik mit allen ihren technischen Formen der Repräsentation und Diplomatie. Aber sie ist als Politik nie ein einseitiges Handeln; sie hat immer ein Gegenüber. Sie ist objektlos wie das Leben selbst, wie die Liebe, wie alle tieferen menschlichen Beziehungen, die sich in keinem praktischen Akte und Ergebnis erschöpfen. Immer von neuem ist die Aufgabe der Gestaltung des gegenseitigen Verhältnisses und der Balancierung der Kräfte gegeben, füllt sich die scheinbar entleerte Spannung von innen heraus aufs neue. Es liegt außerhalb ihrer Bestimmung und ihrer Macht, ewige Verhältnisse und Lösungen zu schaffen, sondern es gilt für jede Zeit und jede Generation die Gegebenheiten neu zu gestalten. Jeder Partner wird dabei immer wieder gewogen, für genügend oder zu leicht befunden, er gewinnt, behauptet sich oder verliert. Lebensversicherungen sind im politischen Leben noch nicht eingeführt.

Führt aber dieses außenpolitische Kräftespiel nicht mehr zu Ergebnissen, so tritt ein Kurzschluß ein; dieser Kurzschluß ist der Krieg. Auch hierauf muß der Staat vorbereitet sein. In diesem Sinne ist in der Tat der Krieg die Fortsetzung der Diplomatie mit anderen Mitteln. Aber er ist immer nur eine echte ultima ratio. Wer den Kurzschluß zum Normalzustand und zur Methode erhebt, stellt die Dinge auf den Kopf und wird zum Brandstifter. „Wehe dem Staatsmann, der vor dem Kriege sich nicht nach einem Kriegsgrund umsieht, der auch nach dem Kriege noch ebenso stichhaltig erscheint wie vorher" (Bismarck).

Der Funktionsträger, der jene ultima ratio vollzieht, ist das Heer. Es schützt den Staat vor gewaltsamer Einwirkung von außen auf die politische Entschlußfreiheit sowohl wie auf die kulturelle und wirtschaftliche Entfaltung. Seine Würde und sein Ansehen in jedem Volke beruhen nicht nur auf seiner ständigen Dienst- und Todesbereitschaft, sondern noch mehr auf dem fundamentalen Charakter seiner Funktion. Daß dem Heere dieser Rang und diese Bedeutung in Staaten nicht eingeräumt wird, die militärisch kaum bedroht sind und bedroht werden können, liegt auf der Hand. Die soziale Mißachtung des Berufssoldaten in England im Gegensatz zur Marine ist das beste Beispiel dafür. Freilich hat das Heer nicht nur außenpolitisch, sondern auch innenpolitisch im Falle der Revolution und des Bürgerkrieges die gleiche Schutzfunktion. Aber dieser unvermeidlich mit politischen Entscheidungen verknüpfte Einsatz ist nicht seine spezifische Aufgabe und stellt es vor Probleme, denen seine Führung nicht oder nur vorübergehend gewachsen sein kann. Daß man auf Bajonetten nicht sitzen kann, beruht viel weniger auf der Unzulänglichkeit der militärischen Macht als solcher als auf der Unzulänglichkeit der politischen Wirkungsmöglichkeiten der militärischen Machthaber. Diese Erwägungen gelten nur in Verhältnissen, in denen das Heer als Inhaber des Wehrmonopols eine besondere Funktion darstellt, wo Volk und Heer nicht mehr unmittelbar zusammenfallen wie im fränkischen Maifeld.

Dem Machtwert dient als weitere Repräsentationsform die Staatssymbolik wie die Staatsliturgie. Sie sind Mittel der immer wiederholten Darstellung und Vergegenwärtigung der gemeinschaftsbildenden Grundlagen und finden ihren Sinn in der ständigen Neuintegration der politischen Einheit durch Abgrenzung und Bewußtmachung, in der Fortpflanzung des Gemeinbewußtseins vor und jenseits aller inhaltlichen und zweckhaften Gestaltung.

Die grundlegende Bedeutung des in voller Bewußtheit gewählten, eine scharfe Abgrenzung bedeutenden Staatsnamens ist bereits dargelegt worden. Ihm schließen sich Fahnen, Farben, Wappen, Devisen als repräsentative Formen an. Jeder Staat muß notwendig ihnen Achtung bezeugen und verschaffen; der Wert, der ihnen beigemessen wird, zeigt das Maß lebendigen politischen Gemeinbewußtseins an; kein Staatsschutzgesetz kann andererseits einen Respekt erzwingen, der nicht vorhanden ist. Ein Staat, der solche Formen nicht besitzt und nicht besitzen will, ist in eben dem Maße kein Staat.

Die öffentlichen Erörterungen über die Farben der Deutschen Bundesrepublik haben ein bedenkliches Maß von Verständnislosigkeit für die fundamentale politische Bedeutung der Staatssymbolik an den Tag gebracht. Man kann seine Nationalfarben nicht aussuchen wie ein junges Mädchen den Stoff zu seinem Sommerkleid. Die schließliche Wiederaufnahme der unveränderten schwarz-rot-goldenen Fahne bedeutet ein Anknüpfen an 1848 und 1919, zugleich aber den Verzicht auf Miteinbeziehung der Opposition und auf eine Selbstkritik an der mangelnden Integrationswirkung dieses Symbols in der Vergangenheit.

Zur Staatssymbolik gehört die Ehrung geschichtlicher Repräsentanten, sei es der Reliquien der Könige, sei es mythischer Gestalten wie Tell oder geschichtlicher Führer wie Washington. Dem unpersönlichen Massenstaat entspricht die Ehrung des unbekannten Soldaten. Auch Münzen und Briefmarken gehören hierher, und Ethelbert Stauffer hat die staatspolitisch-religiöse Bedeutung der Münzprägungen der römischen Kaiserzeit aus profunder Kenntnis der Numismatik dargestellt.

Die Staatssymbolik geht ohne scharfe Grenze in die dynamische Form der Staatsliturgie über. Beide dienen gleichermaßen der Neuschöpfung, Selbstdarstellung und Befestigung des staatlichen Zusammenhangs, des Staatsbewußtseins. Liturgie ist immer Bezeugung der Bindung und des Zusammenhangs mit einem Transzendenten; in diesem Sinne ist jeder Staat ohne Rücksicht auf seinen ideellen Gehalt der Einzelperson transzendent. Der Versuch, dies zu leugnen, ändert nichts an der Tatsache, sondern führt nur zur Verkümmerung des Staates. Daß diese Ehrung nicht der Person des Trägers der Staatshoheit gilt, sondern dieser selbst, drückte sich früher in der Verwendung sakraler Königsgewänder, dann in der militärischen Uniform des Monarchen aus. Seitdem dies mißverstanden wurde und der Staat unter der Fiktion der Entmachtung durch das Gesetz lebt, drückt man gerade die Ehrung des Amtes durch die bürgerliche Unauffälligkeit des Trägers aus, so daß die Staatsakte sich dem Stile von Leichenbegängnissen nähern. Zur Staatsliturgie gehören ebenso Krönungsfeierlichkeiten, Volksversammlungen, Staatsfeiertage, Nationalhymnen und schließlich Paraden, welche die im Staat vereinte Macht der sie tragenden Gesamtheit veranschaulichen und zum Bewußtsein bringen. Beides, Staatssymbolik wie Staatsliturgie wirkt, wenn auch in verschiedenartigen Graden, gleichzeitig nach außen wie nach innen.

a 2.) Die zweite Funktion des Machtzwecks ist entsprechend der außenpolitischen die innenpolitische Führung. Ist die außenpolitische Führung sowohl die Sammlung der eigenen Kräfte unter dem Gedanken eines bestimmten Verhältnisses zur Außenwelt und zugleich die Gestaltung dieses Verhältnisses zu der fremden Macht, so tritt beides in der Innenpolitik mit umgekehrtem Vorzeichen und Schwerpunkt wieder auf. Der innere Zustand eines Staates ist nicht ohne Rückbeziehung auf seine Nachbarn. Auch bei völliger formaler Freiheit, sich in seinem Hause nach Belieben einzurichten, tritt eine Rückwirkung ein. Die Parallelität der innenpolitischen Entwicklung der europäischen Völkergemeinschaft und die entschiedene Tendenz sie aufrechtzuerhalten, ist unverkennbar. Während in der Außenpolitik wenigstens zunächst Staat gleich Staat ohne Rücksicht auf seine inneren Verhältnisse gesetzt wird, hat nach innen der eigene Gestaltungswille ohne Rücksicht auf fremde Formen den Vorrang. Dennoch sind auf beiden Gebieten jene ergänzenden Gesichtspunkte nicht zu übersehen. Neben einem dominanten Faktor steht jeweils ein rezessiver. Auf dem Gebiete der Innenpolitik nun steht wie auf dem der Außenpolitik der gestaltende politische Wille dem Widerlager der Geführten, der spontanen Kräfte und Bestrebungen der Gesamtheit gegenüber. Dieses Gegenüber zu einem Ergebnis zu gestalten, ist ebenso die immer neue Aufgabe des politischen Lebens. Wo Führung und spontanes Leben nicht mehr zueinander finden, die Regeln ihres Spiels nicht mehr funktionieren oder willkürlich preisgegeben werden, setzt ebenso wie in der Außenpolitik im Kriege der Kurzschluß der Revolution ein. Wer auch hier den Kurzschluß zum Prinzip und zur Methode erhebt, für den gilt das gleiche, was schon oben gesagt wurde — einer hat dem anderen nichts vorzuwerfen.

Dem Machtzweck in der Innenpolitik dient die politische Polizei. Diese ist bisher von der Staatstheorie stiefmütterlich behandelt worden, so wie der kleine Fehltritt eines Verwandten in einer guten Familie. Aber nachdem fast jeder männliche Europäer heute einmal durch die Hände einer solchen Einrichtung gegangen ist und viele durch mehrere, kann man sie unmöglich noch so nebensächlich abtun. Da sie in allen Ländern entwickelt worden ist und steigende Bedeutung erlangt hat, ergibt sich, daß sie ein Ausfluß des Staatsbegriffs ohne Rücksicht auf Staatsform und Staatsidee, nicht eine Besonderheit totalitärer Systeme ist. Sie schützt wie ein Heer zunächst die Entschlußfreiheit der Regierung gegen ungesetzliche Einflüsse von innen, einschließlich solcher, die von außen in das Staatsgebiet hineingetragen werden. Aber mehr noch: sie schützt die verfassungsmäßige Willensbildung, den Staatswillen in seiner Entstehung. Daraus erklären sich die großen Unterschiede in der Ausdehnung ihres Wirkungsbereichs, der allerdings für liberale und totale Staaten wesentlich verschieden ist. Sie erlangt notwendig dort die größte Ausdehnung, wo die Bildung des Staatswillens einem einzelnen oder einem engen Kreise unter Ausschluß der übrigen Bürgerschaft zugewiesen ist, wo also gegenüber der eingetretenen Monopolisierung jede sonstige politische Tätigkeit an sich schon illegal ist. Sie beschränkt sich in einem liberalen Staate auf den Schutz der verfassungsmäßigen Freiheit der Wähler und der Parlamente und richtet sich hier vorzugsweise gegen alle bündischen und revolutionären Gruppenbildungen, die das Schema des freien Spiels der Kräfte, der rationalen Diskussion durch andere Formen der Machtbildung zu sprengen drohen. Sie wird sich hier auf eine beobachtende Rolle beschränken, bis jene Bildungen zu verfassungswidrigen Formen anwachsen. Daß sie damit zugleich zu einem gefährlichen Instrument der Regierung gegen verfassungstreue Gegner werden und mißbraucht werden kann, ist klar, berührt aber ihr eigentliches Wesen und ihre Unentbehrlichkeit nicht. Sie hat nach dem Gesagten immer einen gewissen potentiellen Charakter und sondert sich deutlich von allen anderen Zweigen der Polizei, die der öffentlichen Wohlfahrt, nicht politischen Zwecken dient.

a 3.) Die dritte dem Machtzweck dienende Staatsfunktion ist die der politischen Gerichtsbarkeit. Auch für sie fehlt wie für die politische Polizei fast ganz die systematische staatstheoretische Durchdringung. Die Ursache liegt zum großen Teil in der Vogel-Strauß-Haltung der Verfassungstheorie des 19. Jahrhunderts, welche glaubte, mit der verfassungsmäßigen Abschaffung der sogenannten Sondergerichte das Problem negativ erledigt zu haben. Aber auch hier gilt: naturam si expellas furca tamen usque recurret. Der Ausdehnung des Tätigkeitsbereichs der politischen Polizei entspricht genau die der politischen Gerichtsbarkeit, auch hier ohne Rücksicht auf Staatsform und Idee, aber mit grundsätzlichen Unterschieden. Wesentliche Dinge hierzu sind bereits in dem oben gegebenen Zitat Rudolf Smends enthalten. In der politischen Gerichtsbarkeit wird der Mensch nicht an sittlichen, sondern an politischen Maßstäben gemessen. Der Spion, der für sein Vaterland arbeitet, handelt nicht unsittlich, aber er vergeht sich gegen den Machtbereich des anderen Staates. Er wird unzweifelhaft von Rechts wegen verurteilt. In der Prisengerichtsbarkeit wird ebenso entschieden, ob eine Verletzung des von der aufbringenden Macht in Anspruch genommenen Bereichs erfolgt ist. Politische Gerichtsbarkeit nach innen richtet ebenfalls über politische Handlungen, nicht über kriminelle. Sie entscheidet, ob der Betreffende in das Kraftfeld der Gemeinschaft eingeordnet werden kann oder abgestoßen werden muß, wie in einem magnetischen Feld ein entgegengesetzt geladenes Teilchen. Ist seine Ladung negativ und zu stark, um angezogen zu werden, wirkt es wie ein Fremdkörper und wird abgestoßen. Der politische Prozeß dient also der Neuintegration nach irgendeiner Störung. Er setzt immer voraus, daß ein positives politisches Prinzip vorhanden ist, eine positive Bestimmtheit, an der alle anderen Kräfte gemessen werden können, eine positive Ladung, die die negative abstößt. Es ist daher schlechthin entscheidend, in wessen Namen sie ausgeübt wird — es gibt keine politische Gerichtsbarkeit in abstracto oder nach einem ewigen Kodex — sei es auch der politischen Moral. Jedoch wird selten versäumt, der politischen Gerichtsbarkeit das Mäntelchen der Moral und der positiven Gesetzlichkeit umzuhängen. Sie handelt zwar verfassungsrechtlich einigermaßen justizförmig, ihr materieller Gehalt ist jedoch rechtslogisch nicht zu bestimmen. Das formulierbare Sittengesetz gehört auf die Ebene des Strafrechts. Hier aber erscheinen mit den bisherigen Zielen plötzlich auch die bisherigen Methoden verwerflich, der Volksheld wird zum Verbrecher. Zwingli, der Reformator Zürichs, benutzte ein relativ harmloses Verbot der Annahme ausländischer Pensionen, um den Vater (!) eines verstorbenen wiedertäuferischen Gegners im Gegensatz zu zahlreichen anderen glimpflich behandelten Beschuldigten aufs Schafott zu bringen. Kennzeichnende Vorgänge auf diesem Gebiet spielten sich im Scherbengericht der athenischen Demokratie ab. Die äußerste Steigerung der Politisierung rechtlich-sittlicher Begriffe ist in der bolschewistischen Partei erreicht, in der jeder von der Generallinie Abweichende als Schwerverbrecher bezeichnet wird.

Immer aber spielt sich die politische Gerichtsbarkeit vor dem Souverän ab, richtet sich nicht gegen ihn. Ein Souverän, der gerichtet werden kann, ist keiner. Das Unternehmen Cromwells, Hand an den gesalbten König zu legen, ein für die damaligen Zeiten unerhörter Vorgang, bedeutet staatsrechtlich die Aufrichtung der Volkssouveränität, auch ohne Abschaffung der Monarchie. Dem Souverän bleibt mit der Unverletzlichkeit das souveräne Recht zu irren, schlecht beraten zu sein. Ist nun das Volk souverän, so richtet die tatsächliche oder scheinbare Mehrheit über die politisch Unterlegenen, indem sie sich für gerechtfertigt und unverletzlich, die anderen für verwerflich und strafbar erklärt. Cromwells Puritaner legten nach dem Siege den im ritterlichen Kampfe für ihren rechtmäßigen König unterlegenen Kavalieren hohe Geldstrafen auf. Die Souveränität, um die hier erst gekämpft worden war, wurde ganz typisch schon als vorher dem Volke zustehend aufgefaßt und fingiert; von dieser Basis wurde dann geurteilt. So ist politische Gerichtsbarkeit in der Demokratie meist nicht Neuintegration durch Ausscheidung der Führer, deren Richtung sich abgelebt hat, sondern ist Desintegration, ist Spaltung, welcher erst die heilende Zeit und andere politische Erlebnisse entgegenwirken. Politische Gerichtsbarkeit im demokratischen Staate ist daher weithin Selbstzerstörung, ist Selbstzerfleischung als Ausdruck einer negativen Inversion. Die Ausdehnung der Entnazifizierung auf die breiten Massen passiver Mitglieder der nationalsozialistischen Bewegung beruhte also auf einem im Wesen der Demokratie liegenden politischen Denkfehler und zugleich auf der puritanisch-jakobinischen Vermischung von Politik und Moral.

b. Die gleiche systematische Struktur wie die Dreiheit der Staatszwecke in sich und die Funktionen des Machtwertes als solchen weisen die Funktionen des Wohlfahrtswertes auf.

1.) Zunächst steht in diesem Bereich die Wohlfahrt des Staates selbst, seine eigene Finanz- und Betriebswirtschaft, die untrennbar verbunden ist mit der Wohlfahrt des Ganzen, aber dennoch bis zu einem gewissen Grade ein Eigenleben und ein Eigengewicht hat, wie das Gehirn auch ein in sich selbst ausbalanciertes und gesteuertes Organ, nicht allein dienender Teil ist. Seine Hauptfunktionen müssen auch unter Zurückstellung weniger wichtiger aufrechterhalten bleiben.

Jener Staatswirtschaft dienen vor allem die Organe der Finanz- und Zollverwaltung. Der gleichen Aufrechterhaltung der Staatsordnung als solcher außerhalb politischer Gesichtspunkte dient dann die Ordnungspolizei im engeren Sinne. Die inneren Grenzen der Polizeimacht verkennen freilich Polizeiminister ebenso leicht wie Kriegsminister diejenigen militärischer Gewalt. Unter einen gewissen Grad kann aber nirgends die Polizeiorganisation herabgesetzt werden, ohne daß der Staat in Anarchie verfällt. Es gibt allerdings kein entsprechendes Wort für Stillstand der Polizei wie Justizium für Stillstand der Rechtspflege.

2.) Neben die Ordnungsfunktion als solche und die Eigenwirtschaft des Staates tritt als zweites die positive Kultur- und Wirtschaftspolitik des Staates. Sie trägt einen gewissen potentiellen Charakter. Der Staat bietet durch Schulen, Institute und vieles andere einen gewissen Rahmen, den er doch selbst nicht auszufüllen vermag, in den die freien schöpferischen Kräfte einfließen, durch den sie aber nicht geschaffen werden. Wo diese Kräfte den Rahmen der allgemeinen Ordnung überschreiten, treffen sie wie die entsprechenden Kräfte des politischen Lebens auf die politische Polizei, auf die vielfachen Formen der Bau-, Gewerbe-, Gesundheits- usw. Polizei. Daraus ergibt sich zugleich der sehr verschiedene Grad der Auswirkung dieser Funktion je nach der politischen Struktur des Staates. In einem liberalen gibt die staatliche Kulturpolitik nur Hilfestellung, in einem totalen sucht sie eifersüchtig jede Regung zu kontrollieren, alles selbst zu gestalten und inhaltlich zu bestimmen. Die Funktion der Kulturpolitik ist also da, aber ihre Ausdehnung kann aus dem Staatsbegriff nicht abgelesen werden. Dazu bedarf es einer inhaltlichen Wertidee. Aus dem Vorhergesagten ergibt sich aber, daß von einem gewissen Grade der Verstaatlichung der Kulturpolitik wie der führungsmäßigen Organisation des politischen Lebens eine Strukturveränderung eintritt, die die produktiven Verspannungen der tragenden Elemente aufhebt und diese Verbindung durch einen Kurzschluß unterbricht. Der gleiche Kurzschluß tritt ein, wenn sich auf beiden Gebieten wesentliche tragende Kräfte der Mitarbeit in Politik und Kulturpolitik versagen — eine solche Krise kann für eine Zeitlang bis zur Lösung des Krampfs gewaltsam überbrückt werden wie eine Herzaffektion mit einer schweren Spritze. Auf die Dauer kann Leben nicht so erhalten werden, sonst entsteht aus dem Krampf der Revolution in Permanenz der Krampf der Diktatur in Permanenz.

3.) Auch der Wohlfahrtswert hat seine Form der Rechtsprechung und seine rechtliche Schranke in der Verwaltungsgerichtsbarkeit. Wenn diese in formeller Absonderung erst seit dem 19. Jahrhundert vorhanden ist und als Errungenschaft des bürgerlichen Rechtsstaates gilt, so wäre zu untersuchen, ob nicht die gleichen Aufgaben früher von der ordentlichen Gerichtsbarkeit in unkritischer Vermengung mitversehen worden sind, bevor mit der Ausdehnung der öffentlichen Verwaltung auch eine systematische Unterscheidung und eine technische Differenzierung erfolgte. Auf die oben angeführten Ergebnisse der rechtswissenschaftlichen Arbeiten der letzten Jahrzehnte kann insoweit verwiesen werden.

c. Dies führt bereits auf die anschließende Frage nach den Funktionen, die dem Rechtswert dienen. Daß jeder der Staatszwecke seine eigene Form justizförmiger Entscheidung besitzt, ist anscheinend mit dieser Bestimmtheit bisher noch nicht ausgesprochen worden. Daß jede dieser Sonderformen ihren Ausgangspunkt in der Gerichtsbarkeit im allgemeinen, undifferenzierten Sinne hat und sich in Formen und Tendenzen nach ihr ausrichtet, ist wohl ohne Frage richtig. Trotz des formalen Grenzcharakters der Rechtsprechnung ist hier noch einmal nach ihrem Gehalt zu fragen. Jene allgemeine Rechtsüberzeugung kann gewiß nicht unabänderlich inhaltlich festgelegt und aus ewigen Prinzipien abgeleitet werden. Aber als lediglich willkürliche Setzung würde sie echte Allgemeingültigkeit nicht erlangen können. Hier gilt im übertragenen Sinne das Wort Mohammeds: Mein Volk kann nie in einem Irrtum übereinstimmen. Die Mehrheit kann korrumpiert sein; eine echte Anerkennung im Sinne des Rechts ist auch durch die bloße Mehrheitsentscheidung ebensowenig zu erzielen wie durch den Zwang des Staates. Die Entnazifizierung ist ein sehr markantes Beispiel dafür, wie sehr sich ein nicht als Recht empfundenes Gesetz von innen heraus ablebt. Das allgemeine Wertbewußtsein verhärtet und konkretisiert sich zum Rechtsbewußtsein und wird als solches im Richterspruch in der unzweideutigen Form der Entscheidung zwangsweise verwirklicht. Damit wird zugleich das sittliche und Rechtsbewußtsein der Allgemeinheit stets von neuem umgrenzt und gestaltet. Rechtsprechung ist sittliche Integration wie Verfassungsleben politische.

Aber die richterliche Entscheidung ist doch nicht die einzige typische Form, in der dieses Wertbewußtsein fortgepflanzt wird. Ihr Gegenpol ist die Lehre, das Gegenbild des Richters der Lehrer. Die Umschreibung des dritten Staatszwecks als Rechtszweck ist also nicht falsch, aber einseitig. Freilich entspricht die rechtliche Form sittlicher Wertverwirklichung dem Charakter des Staates als Willensverband. Aber er schließt die selbsttätigen Kräfte der Sittenordnung, die dem substantiellen unbewußten sozialen Gefüge des Volkes anhaften, nicht aus sondern ein. Beide finden ihren gemeinsamen Ausgang und Berührungspunkt im sittlichen Bewußtsein. Beide Formen sind einander ebenso streng entgegengesetzt in der Form des Handelns, wie identisch im Gegenstande. Dies zeigt sich sehr deutlich im Jugendstrafrecht. In seiner folgerichtigen Durchbildung tritt überall die rechtliche Verantwortlichkeit zurück, wo erzieherische Gesichtspunkte Platz greifen. Wo die Pädagogik beginnt, hört die rechtsfähige, voll verantwortliche Persönlichkeit auf. Erziehung und Recht sind kontradiktorische Gegensätze, und Lehrer wie Geistliche sollten kraft Gesetzes vom Richteramt ausgeschlossen sein. Aber beide Funktionen sind gleichermaßen nicht produktiv, sondern reproduktiv, sie schaffen nicht die Gebote, die Maßstäbe, die die verkünden und anwenden, sondern sie bilden sie nur immer wieder nach, sie setzen die Werte nicht und vermögen sie nicht frei zu schaffen, sondern nur einem, freilich dem höchsten Gesetze zu folgen.

6. Kapitel

Die Stände als Träger der Staatsfunktionen
(Materielle Ständelehre)

Den Funktionen des Staates entsprechen bestimmte Funktionsträger, entsprechen Stände. Wenn in der Staatstheorie nach den Darlegungen Smends die Lehre von der Dreiheit der Staatszwecke in immer neuen Formen als unabweisbar zutage tritt, so gilt dies auch für das Bewußtsein, daß sich die menschliche Gesellschaft in der politischen Form des Staates in drei Stände gliedert. Auch in vielfachen wissenschaftlichen und populären Staatslehren tritt dies in bestimmten Formeln, etwa der vom „Wehrstand, Nährstand und Lehrstand" beinahe als Gemeinbewußtsein des Abendlandes hervor. Es ist dabei wichtig zu erkennen, daß es sich nicht um staatsrechtliche Formen, nicht um in der Wirklichkeit vorhandene soziale und politische Verbände handelte und handelt, sondern lediglich um den Bewußtseinsreflex der dem Staate wesensnotwendigen Funktionen, an denen jeder Mensch in irgendeiner Form Anteil hat. Welche Bedeutung geschichtlich und verfassungsrechtlich die Stände gehabt haben und haben können, ist eine davon völlig zu trennende Frage. Die Unklarheit hierüber ist Ursache eines großen Teils der Begriffsverwirrung, welche auf diesem Gebiete vorherrscht und vor allem in den Jahren nach 1919, aber auch schon das ganze 19. Jahrhundert hindurch konservative und christliche Politiker genarrt hat. Die Ständelehre des platonischen Staates andererseits ist nicht aus der Struktur des Staates als solchen, sondern aus einer bestimmten Anthropologie, aus einer Lehre von den Tugenden abgeleitet.

Faßt man die Entwicklung dieser Vorstellung mit einer gewissen unvermeidlichen Schematisierung begrifflich zusammen, so steht am Anfang eine Erscheinung, die man als Einheitstypus kennzeichnen kann. Die Volkskönige der germanischen und wohl der meisten urtümlichen Staaten überhaupt sind zunächst Staatsoberhaupt und Heerführer in einer Person. Der König ist dann zweitens — im Zusammenhang mit priesterlichen Funktionen — Arzt. Die Könige von Frankreich haben beispielsweise Jahrhunderte hindurch das Vorrecht und die Gabe in Anspruch genommen, durch Handauflegung die Skrofeln zu heilen. Als Ludwig XVIII. nach der Restauration in einer ganz anderen Zeit das Gleiche versuchte, gab es eine peinliche Szene. Daneben ist der König Verwalter nicht nur des Königsgutes, sondern des ganzen vergemeinschafteten Sachbereichs, der Flüsse, Forsten, Märkte,

Straßen usw., also Treuhänder des gemeinen Besten. Zum dritten ist er kraft seiner charismatischen Weisheit (wenn auch durchaus nicht uneingeschränkt) Gesetzgeber und oberster Richter. Diese drei Hauptfunktionen werden durch ein Gemeinsames verbunden: Das Königstum ist auch im Wahlkönigtum eine charismatische Gnadengabe, welche Erleuchtung und Weisheit mit sich bringt. Damit ist der König zugleich zum Prototyp, zum Leitbild der höchsten Werte aufgerichtet.

Diesem charismatischen Einheitstyp steht in dem Dualismus insbesondere der germanischen Staaten gewissermaßen horizontal ein anderer Einheitstypus gegenüber. Der einfache fränkische Bauer beispielsweise ist stimmberechtigter Volksgenosse und gehört dem Heerbann auf dem Maifeld an, der den König wählt und gewisse politische Entschlüsse faßt oder billigt. Er ist zugleich Genosse des Markverbandes seines Dorfes als einer Wirtschaftseinheit und schließlich Rechtsgenosse, der als Umstehender unter den „Umständen" den Richterspruch nicht findet — denn das ist Sache der Weisheit der Auslegung der getreu überlieferten Weistümer — sondern der ihn bestätigt und mitträgt.

Diese beiden horizontal einander gegenüberstehenden Einheitstypen wandeln sich und verbinden sich zu einem vertikal gegliederten hierarchischen System des Lehnrechts. Zwischen beiden bilden sich nebeneinander zwei Hierarchien, die des Adels und der Geistlichkeit. König und freier Bauer bilden Spitze und Basis dieser Pyramide. In ihr sind geistliche und weltliche Lehnsträger in vergleichbaren Rängen der gleichen Stufenordnung der Hierarchie vereinigt. Lehrstand und Wehrstand werden gleichermaßen als Orden ausgebildet.

Der Ritterstand als Wehrstand wird durch die geistliche Lebensregel des Rittertums streng zusammengehalten. Sein Ordensoberhaupt ist der König, im letzten der Kaiser. In der letzten Burg des europäischen Ostens gilt der gleiche religiös begründete Sittenkodex. Die Kombination beider treffen wir in den geistlichen Ritterorden an. Der freie Bauer scheidet allmählich durch Bildung eines gesonderten Ritterstandes, der die Landesverteidigung übernimmt, aus dem politischen Leben aus. In der Rechtsprechung wird er mindestens zum Teil zurückgedrängt.

Das vertikale System zersetzt sich dann wiederum zum horizontalen Nebeneinander der drei Stände des Adels, der Geistlichkeit und der Städte (als des Restes der nicht als Hintersassen aus dem politischen Leben Ausgeschiedenen). Während zunächst (so im Sachsenspiegel) weltliche und geistliche Lehensträger in der gleichen Stufenordnung vereinigt sind, treten sie später gleichberechtigt nebeneinander. Es entstehen jetzt gesonderte fachliche Berufsgruppen. Neben dem Adel bildet sich ein gesonderter Gelehrtenstand heraus, der als Lehrstand fungiert, zunächst im geistlichen, dann auch im weltlichen Gewande des Humanisten. Ein besonderer Richterstand als fester Typus hat sich vorzugsweise in Frankreich entwickelt. Hier ist seine

Funktion auch besonders deutlich zu erkennen. Indem die Herren von der Robe, die Parlamente als Gerichtshöfe, die Gesetze des Königs registrieren oder als den Grundgesetzen und Gewohnheiten des Königreiches zuwiderlaufend auch ablehnen, messen sie in der Tat die politischen und gesetzgeberischen Akte des regierenden Königs an dem rechtlichen Gesamtbewußtsein, ohne ihrerseits in Anspruch zu nehmen Recht zu schöpfen, dem König die schöpferische Initiative überlassend. Daß das Stadtbürgertum als Nährstand nur ein Teil des dritten Standes ist, ist bereits erwähnt worden. Es ist der politisch mündig gebliebene Rest der wirtschaftenden Gesamtheit, deren Kernbestand an sich das Bauerntum bildet.

In der weiteren Fortentwicklung differenziert sich der Ständebegriff immer mehr bis zur wahllosen Anwendung auf jede erdenkliche Besonderheit, sei es der Ehestand, der Christenstand oder der Stand der Betrüger, so daß schließlich nur noch die eigentümlich ständisch-statische Betrachtung überhaupt bemerkenswert bleibt, während Adel und Geistlichkeit als fest umrissene Begriffe durchgängig bestehen bleiben.

Diese geschichtliche Differenzierung des Ständebegriffes ist längst vor der Reformation angelegt gewesen, und es ist ganz unsinnig, sie dieser in irgendeiner Form zur Last zu legen. Sie hat höchstens in der nominalistisch-diffusen Verwendung des Begriffs den letzten Schlußstrich gezogen. Das Wesentliche liegt an einem ganz anderen Punkte. Die Stände werden erst durch den Absolutismus ihrer politischen Verantwortlichkeit und damit ihres Bezuges auf das Ganze entkleidet und entwöhnt. Sie blieben nur noch bloße soziale Lagen ohne aktiven politischen Gehalt. In der Person des absoluten Fürsten dagegen bildete sich ein neuer, aber nun einseitiger Einheitstypus. Der Fürst war nicht nur selbstverständlich Staatsoberhaupt und Heerführer; er war sodann im Sinne der landesväterlichen Kameralistik auch der Hausvater des Staates und damit auch der Wirtschaftsführer des letzten Bauernhofes und zog schließlich die Reste der Volksgerichtsbarkeit an sich. Diesem Einheitstypus, der sich zwar als Ingenieur außerhalb der Maschine des Staates dastehend vorstellt, aber doch alles in allem sein wollte und war, stand eine sozial streng gegliederte, aber ihrer politischen Funktion entkleidete Gesamtheit der Untertanen gegenüber. Nicht die Differenzierung, sondern die Entpolitisierung war also das eigentlich Entscheidende. Der strengste und starrste Ausdruck dieser entpolitisierten Ständeordnung ist das preußische Allgemeine Landrecht von 1794. Diesem Einheitstypus des absoluten Fürsten tritt dann unter Auflösung der ständischen Differenzierung, die ja ihres politischen Sinnes bereits beraubt worden war, in der französischen Revolution ein anderer Einheitstypus gegenüber: Der bürgerlich-rationale. Der Marquis und der Abbé werden zu Citoyens. Dieser Typus ist im tiefsten Grund nur von dem negativen Moment des Gegensatzes zu seinem Widerbild, dem absoluten Monarchen, bestimmt. Er gerät binnen weniger Jahrzehnte in einen sehr deutlichen Gegensatz nicht nur zu den fortwirkenden differenzierenden Kräften der alten berufsständischen Gliederungen und ihrem Ethos, sondern auch zu den ebenso differenzierenden Kräften der modernen Industriewirtschaft, die durch ihre Arbeitsteilung neue Gruppierungen schafft, die jene formale Gleichheit der Bürgerlichkeit mit sehr viel realeren Gegensätzen durchbricht und zerspaltet. So liegt der bürgerliche Liberalismus in Widerstreit sowohl mit den traditionellen Kräften der alten Gesellschaft wie mit den revolutionären der neuen. Dies wird in der Gegenwart sehr deutlich in der Zerreibung der liberalen Parteien in allen europäischen Ländern zwischen Konservativen und Sozialisten; der Liberalismus ist keine soziologische Formkraft, er ist im besten Falle ein Schmieröl, kein Lagermetall.

Gerade die Differenzierung der modernen arbeitsteiligen Wirtschaft ruft im psychologischen Gegensatz neue Tendenzen zur Einheit hervor: An die Stelle des formalen und negativen Einheitstypus des Bürgers tritt ein nunmehr sehr viel fester inhaltlich umrissenes Ideal; wir treffen es sowohl im Faschismus wie im Bolschewismus in der Verherrlichung und Heroisierung ihrer Vorkämpfer unter der Einheitsformel „Arbeiter, Student, Soldat". Hier tauchen wiederum Wehrstand, Nährstand und Lehrstand auf; aber nicht mehr statisch, sondern revolutionär, nicht mehr ständisch als Berufung in eine religiös begriffene Aufgabe, sondern rational und aktivistisch; nicht mehr Weisheit und Erfahrung gelten, sondern der Elan des Pioniertums. Aber es ist höchst charakteristisch, daß in der Einheit die alte Dreiheit wieder erscheint; es zeigt, daß es sich hier um ein positiv inhaltliches, nicht mehr negatives Leitbild handelt. In Rudolf Steiners „Dreigliederung des sozialen Organismus" findet sich ein Lösungsversuch für das gleiche Problem. Gegenüber der traditionalen und fachmännischen Berufsvorstellung, welche als einseitig und entleert empfunden wird, beginnt die Vorstellung zu überwiegen, daß jeder Mensch nebeneinander am politischen, wirtschaftlichen und kulturellen Leben aktiv teilnehme. In den kämpfenden Staatssystemen der Gegenwart stehen sich als vorläufiges Endergebnis der Entwicklungen zwei verschiedene Leitbilder der politischen Anthropologie gegenüber: der liberale negative Einheitstypus, der alle ständischen Besonderheiten grundsätzlich verwirft und verwischt, und der positiv totalitäre, der diese drei Elemente aktivistisch von neuem zusammenfaßt. Beide stehen gemeinsam in radikalem Gegensatz zu allen traditionalen sozialen Formen und Vorstellungen. Beide Leitbilder werden heute in den Vereinigten Staaten und der Sowjetunion als den Trägern der großen politischen Ideologien vorzugsweise verkörpert und von beiden in ausgesprochen ideologischer Politik rücksichtslos in ihren Machtbereichen verwirklicht. Zugleich steht diese Idealbildung im Bolschewismus im harten Gegensatz zu dem dort aufs äußerste gesteigerten technischen Spezialistentum; dieses Ideal der Einheit ist jedenfalls kein Oberbau einer bestehenden Gesellschaftsstruktur.

Handelt es sich hier in erster Linie um Erscheinungen der politischen Psychologie, so muß man feststellen, daß zu keiner Zeit ein Element das andere ganz zu verdrängen vermocht hat. In der Einheit lebte und lebt das Bewußtsein der Differenzierung; in der Differenzierung war stets das Bewußtsein der Einheit aufbewahrt. Geschichtlich dagegen scheint der Weg von der Einheit über die Differenzierung zur Einheit, vom Charisma über die funktionelle Entfaltung in die einheitliche Ratio zu gehen. In dieser Entwicklungskette steht wie ein Gipfel und Umschlagpunkt zugleich die barocke Erscheinung der absoluten Monarchie. Beide Entwicklungsreihen weisen die gleiche Gesetzlichkeit auf: Der Einheitstypus in der dualistischen Antithese von König und Volk entfaltet sich zur Ständegliederung und vereinigt sich unter Ausscheidung des Volkes aus dem politischen Leben zum barocken Einheitstypus. Dessen konzentrierte Macht übernimmt ungeteilt der rationale Einheitstypus des Bürgers. An Stelle der geistlichen und blutsmäßigen Begnadung treten die rationalen Fähigkeiten der geistigen Produktivität, der Bildung einerseits und der ökonomischen Produktivität, des Besitzes andererseits. Diese Hierarchie zersetzt sich in die Breite nach technisch fachlichen Gesichtspunkten, bis der Fachmann als Leitbild abgelehnt und durch einen neuen materialen Einheitstypus in der absoluten Demokratie ersetzt wird. Diese rein geschichtliche Entwicklung ist insofern strukturell von Bedeutung, als die Dreigliederung trotz aller Abwandlungen auf allen Stufen der Entwicklung nachzuweisen ist; nur die geschichtlichen Gehalte sind verschieden, die sie ausfüllen. Daraus ergibt sich zugleich, daß die anthropologische Ständetheorie des Platonismus nicht imstande gewesen sein kann, diese geschichtliche Entwicklung entscheidend zu beeinflussen.

Dritter Teil

Soziologie des Staates — Elemente der Verfassung

7. Kapitel

System der Verfassungselemente

Die unverkennbare Beziehung der ständischen Entwicklung zur Verfassungsgestaltung zwingt zur Untersuchung des grundsätzlichen Verhältnisses zwischen jener politischen Anthropologie im materiellen Sinne zur Verfassungsgeschichte im formalen strukturellen Sinne.

Es macht den Reiz der englischen Geschichte aus, daß sie in ungebrochener Entwicklung die Rechtseinrichtungen des Mittelalters auf unsere Zeiten gebracht hat. Die insulare Lage Englands und der konservative Charakter seiner Bewohner haben dazu zusammengewirkt, das englische Verfassungsrecht zum Museum Europas zu machen. Wir sind gewiß von der liberalen Begeisterung für England als den Musterstaat durch nähere Berührung mit englischer Politik und Verwaltung geheilt worden; die rechtssystematische Bedeutung seiner Staatseinrichtungen ist unbestreitbar. Man kann die Anatomie des Staates an diesem Beispiel studieren, mag man das lebendige Individuum lieben oder nicht.

Als die puritanische Revolution die Alleinherrschaft des Unterhauses proklamierte, brach sie damit die mittelalterliche Verfassungsentwicklung des Landes ab. Dieses Unternehmen ist fehlgeschlagen; was bei seinem Ende in der glorreichen Revolution von 1688 übrigblieb, war eine Verschiebung des Schwergewichts innerhalb der Verfassung. Wie in einem Parallelogramm der Kräfte hatten sich die Idee der Volkssouveränität und die älteren Formen gegeneinander auf der Mitte ausgeglichen. Dadurch ist die äußere Form der englischen Verfassung so erhalten geblieben, wie sie das Mittelalter gebildet hatte: in der Dreiheit von Königtum, Oberhaus und Unterhaus. Diese Dreiheit von Monarchie, Aristokratie und Demokratie ist nicht das Ergebnis von staatstheoretischen Spekulationen, auch nicht einer irgendwie gearteten Ständelehre. Sie ist auch kein angewandter Aristotelismus. Es ist dabei sehr merkwürdig, daß der platonischen Ständelehre sachlich die im vorigen Kapitel entwickelte anthropologische und subjektive, der aristotelischen Lehre von den Verfassungsformen die hier zu entwickelnde objektive Ständelehre und Verfassungslehre entspricht. Dieser Staatsaufbau ist jedenfalls unmittelbar und zwanglos mit Folgerichtigkeit aus dem dualistischen Wesen des mittelalterlichen Staates hervorgegangen. Der Ausgangspunkt liegt in dem Dualismus zwischen König und Volk, der aber keineswegs nur dem Mittelalter allein eigentümlich ist. Ähnliche Erscheinungen finden sich, worauf Jellinek hingewiesen hat, im isrealitischen Verfassungsrecht. Gerade er hat gezeigt, daß der doppelte Dualismus zwischen Königtum und Volk und zwischen Staat und Kirche die innere Voraussetzung für die Entfaltung gegliederter Verfassungen im Abendlande und damit zugleich für das höchste Maß der Entfaltung und des Schutzes subjektiv persönlicher Rechte gewesen ist. Eine Erforschung der religionspsychologischen Grundlagen des positiven Verfassungsrechts ist daher eine dringende Aufgabe, welcher die Staatsrechtslehre bisher ausgewichen ist.

Der Widerpart des Königstums, das Volk, gliedert sich nun in allen europäischen Staaten, genauer in allen Staaten auf dem Boden des Christentums in Stände, und zwar überall in drei: Adel, Geistlichkeit und dritten Stand, letzteren als die Gesamtheit der nicht besonderen und bevorrechtigten Gruppen. Daß der dritte Stand begrifflich nicht mit den Städten identisch ist, ist bereits ausgeführt worden. Wir finden also in diesen drei Ständen in der Tat Nährstand, Wehrstand und Lehrstand, ersteren als den Inbegriff der dem materiellen Erwerbe dienenden Volksteile wieder. Verfassungsrechtlich aber sieht das Bild ganz wesentlich anders aus: Gerade in dem stilreinsten und folgerichtigsten Beispiel Englands verbinden sich die privilegierten Stände des Adels und der Geistlichkeit zum Oberhaus: Als erstes Verfassungselement tritt beiden Häusern des Parlaments die Krone gegenüber. Das Königtum ist kein Stand: Auch Könige in der Mehrzahl sind niemals ein solcher. Königtum ist der Inbegriff des höchst Individuellen, des Einmaligen. Das alte deutsche Reich hatte einen Fürstenstand, niemals aber hat es in irgendeinem Betracht einen Königsstand gegeben; das wäre ein begrifflicher Widerspruch. Die klassische aristotelische Lehre von den drei Verfassungselementen hat in der englischen Verfassung eine einmalige Darstellung von vollendeter Reinheit gefunden: Sie ist aber höchstens nachträglich zur begrifflichen Rechtfertigung benutzt worden. Alle die Ständestaaten, die im Dualismus zwischen Fürst und Ständedreiheit stehenblieben, in welchem das Mittelglied des Oberhauses nicht ausgebildet wurde, sind durch die Notwendigkeit, diesen Dualismus im Interesse der Aktionsfähigkeit des Staates in den Krisen des 17. Jahrhunderts zu überwinden, zugrunde gegangen, während die englische Verfassung trotz des schweren Sturms der Cromwellschen Revolution wie ein großer gut gebauter Segler vor dem Kentern bewahrt blieb. Jene Dreiheit der Verfassungselemente in England ist im Grunde nichts weiter als die Pyramide der mittelalterlichen feudalen Hierarchie. Aber sie ist hier nicht durch den ständischen Dualismus gespalten, sondern intakt geblieben; in ihr hat sich nur der Schwerpunkt fortschreitend von oben nach unten verlagert.

Von dieser Erkenntnis aus ist erst eine Kritik der modernen Theorie des Ständestaates möglich und ihre Unfruchtbarkeit zu erklären. Das Unterhaus, die Gemeinen, repräsentieren die Gesamtheit als Ganzes, während im Oberhaus die besonderen Stände, Adel und Geistlichkeit, zusammengefaßt sind. Es sind die ordines besonderer Verpflichtung, des weltlichen und geistlichen Dienstes. Daraus ergibt sich schon, daß es nicht im modernen Sinne Berufsstände auf der Grundlage eines allgemeinen Berufsethos waren, an welchem in rein sittlichem Sinne auch der letzte Straßenkehrer teil hat. Die politische Funktion der Allgemeinheit, der Demokratie des Unterhauses, kann andererseits niemals durch besondere und gesonderte Berufsstände verfassungsmäßig wahrgenommen werden; diese Allgemeinheit kann sinngemäß immer nur eine und unteilbar sein. Die besonderen Funktionen der Aristokratie können ebensowenig von Massenständen auf Grund eines allgemeinen Berufsethos wahrgenommen werden, sondern nur auf Grund einer besonderen Auswahl, Verpflichtung und Disziplin. Damit ist der Grund aufgezeigt, warum alle korporativistischen Versuche nicht zu eigener politischer Tragfähigkeit gekommen sind.

Nirgends haben die politischen Funktionen der Aristokratie, der Elite einerseits, der Allgemeinheit der Demokratie andererseits, durch moderne korporative Formen abgelöst werden können. Diese sind überall Organe der politischen Führung und Wirtschaftslenkung geblieben, nicht politische Strukturelemente geworden. In der Verfassungsstruktur kommt also nicht die inhaltliche Bestimmung als Wehrstand oder Nährstand, sondern die formale Eigenschaft als Gesamtheit, Minderheit oder personales Element in Betracht. In der hierarchischen Verfassung der alten Monarchie fielen die formale Bestimmtheit als Allgemeinheit, Minderheit usw. und die materiale Bestimmtheit als Stand noch zusammen. Hinter dem heutigen Formalismus melden sich aber nunmehr wieder immer stärker die materialen Gruppierungen der Gewerkschaften und Interessenverbände. Es gelingt aber nicht, diese in eine verbindliche Ordnung, eine feste anerkannte Relation zueinander zu bringen, ohne sie autoritativ zu vergewaltigen.

Weil von unten her gesehen und aufgebaut, kein Wertungsprinzip und daher keine Gliederung möglich ist, ist der Inbegriff solcher Verbände nicht entscheidungsfähig und daher entweder nur beratend oder als Befehlsempfänger möglich. Der monistische Formalismus der Gleichheit, der noch von den Resten ständischer Gliederung gezehrt hat, ist nur ein Durchgangspunkt. Indem er das Äußerste von Einheitlichkeit erreicht hat, schlägt er in einen materialen (und materialistischen) Pluralismus widerstreitender Gruppeninteressen um, zwischen denen der Staat als Schlichter, Schiedsrichter oder schließlich Befehlender nicht entbehrt werden kann. Wer aber ist dann noch Schlichter, wer ist dann noch der Staat, wenn jede Transzendenz in der Staatsstruktur aufgehoben ist und die Transzendenz des Gesetzes sich als eine formale und jederzeit mißbrauchbare enthüllt hat? Diejenigen, die zuerst die Einheit von Form und Inhalt aufgelöst und dann sich der echten Transzendenz entledigt haben, sind dann in der Gefahr, um der Erhaltung des nackten Lebens, der Ordnung im formalsten Sinne willen sich der falschen Transzendenz des Cäsarismus zu ergeben.

Die Zusammenordnung der genannten drei Verfassungselemente ist auch heute noch, so schematisch das klingt, das Problem der Verfassungstheorie. Diese Erwägungen könnten als eine zwar von falschen geschichtlichen Vorstellungen gereinigte, aber doch nur sublimierte Form der Romantik angesehen werden, wenn nicht die gleichen Probleme auch in der modernen Verfassungstheorie nachweisbar wären. In dieser Theorie und jeder modernen entfalteten Verfassungsgestaltung spielt die Gewaltenteilungslehre Montesquieus noch immer eine wesentliche Rolle. In ihr sind als Verfassungselemente Legislative, Exekutive und Jurisdiktion als sauber zu trennende selbständige Teilfunktionen genannt. Sie müssen jedoch zu vollem Verständnis in gedanklicher Reihenfolge gesehen werden. Die Legislative gibt die Gesetze, die die Exekutive ausführt, deren Tätigkeit wiederum von der Jurisdiktion überpüft wird, so daß sich durch die sachliche Übereinstimmung von Gesetzgebung und Rechtsprechung, vor allem Grundgesetz und Rechtsprechung der geschlossene Kreis rundet. Der verbindende Gedanke liegt in der Vorstellung, daß das gesamte politische Leben ein Inbegriff gesetzlicher Akte sei — oder sein soll. Das ist reine Metaphysik, über die als solche an dieser Stelle nicht zu sprechen ist. Das demokratisch gewählte Parlament als Repräsentation der Allgemeinheit ist als Legislative an die Stelle des monarchischen Souveräns getreten. Aber an der Legislative hat ein aristokratisches Element ebenfalls Anteil: In den verschiedensten Formen treten die Tendenzen zur Bildung eines Senates auf. In den Debatten um die Verfassung der IV. französischen Republik hat Bidault gegenüber radikalen Strömungen mit großer Entschiedenheit betont, daß noch keine Demokratie auf der Grundlage des Einkammersystems lebensfähig gewesen sei. Den Senat, beispielsweise in Frankreich, wählen jedoch qualifizierte Teile der Wählerschaft, gewisse Altersgruppen, ferner die Gemeinderäte und bestimmte Körperschaften. Der Gedanke der Bewährung, Verantwortung und Verpflichtung hat hier, wenn auch in sehr abgeschwächter und aufs stärkste verallgemeinerter Form Ausdruck und Anerkennung gefunden. Es ist der letzte Rest von Aristokratie, der als Gegengewicht gegen die Schwankungen des Massenwillens verwendet wird. In die Allgemeinheit sind also die geschichtlich besonderen Stände im Jahre 1789 eingeschmolzen worden, um dann in rudimentärer Form als Verfassungselement wieder aufzutauchen. Man könnte den Senat als die Repräsentation der Exekutive bezeichnen; in noch höherem Grade trifft dies für Staatenhäuser zu, welche in föderalen Staaten als Repräsentation der Bundesglieder an die Stelle des Senats treten. Eine Verbindung beider Gedanken ist im amerikanischen Senat vorhanden, in dem zwar keine Vertreter der Staaten als solche sitzen, dessen Mitglieder jedoch gleichmäßig nach der Zahl der Staaten und nicht nach der Zahl der Wähler gewählt werden.

Demokratie und Aristokratie haben sich zusammen in das Erbe der Monarchie geteilt. Damit ist eine eigentümliche Umkehrung des Systems eingetreten: An der Stelle des Monarchen versieht die Funktion der politischen Führung und Initiative das Parlament in der Form der Legislative; ihr dient wie bisher die Exekutive, der Inbegriff der besonders zum Dienst Verpflichteten. In diese Gruppe ist auch unversehens das Staatsoberhaupt gefallen, welches jeder wesentlichen Initiativfunktion theoretisch wenn auch nicht praktisch vollständig entkleidet worden ist. Es ist mit Recht darauf hingewiesen worden, daß selbst der Staatspräsident französischer Form trotz der äußeren Beschränkung seiner formalen Befugnisse eine sehr bedeutsame politische Funktion erfülle. Systematisch gehört jedoch der Präsident zur Exekutive; was er an politischen Initiativbefugnissen hat, hat er nicht wegen, sondern trotz der Grundgedanken des Systems, weil es eben doch nicht möglich ist, das Staatsoberhaupt derart vollständig zu neutralisieren. Zugleich wird damit klar, wie grundlegend der Unterschied zwischen amerikanischer und französischer Demokratie ist. Die amerikanische Präsidentschaftsdemokratie ist nichts weiter als eine Monarchie auf Zeit, in der das alte Schema, Monarchie, Aristokratie, Demokratie in demokratischer Gesamtform aufbewahrt und in diese übersetzt ist. Die Unabsetzbarkeit des Präsidenten und seine starke Initiativstellung zeigen dies an. Hier sind beide Häuser des Parlaments nicht in die königliche Stellung eingerückt, sondern in ihrer Kontrollfunktion verblieben, und zwar sinngemäß neben der Verfassungsgerichtsbarkeit. Auch hier steht wie immer neben der positiven Gemeinschaft das negative Gericht. Daraus ergibt sich zugleich die Erkenntnis, daß die Verfassungsgerichtsbarkeit als Institution zur Sicherung des funktionalen Zusammenspiels der Verfassungselemente auf einer ganz anderen Ebene steht als politische, Verwaltungs- und ordentliche Gerichtsbarkeit. Soweit die politische Gerichtsbarkeit nicht lediglich staatliche Hoheitsrechte betrifft wie etwa in der Prisengerichtsbarkeit, hat sie den politischen Status einzelner Staatsbürger zum Gegenstande; die Verfassungsgerichtsbarkeit setzt diesen als Vorfrage der Aktivlegitimation voraus; es handelt sich um die Verfassungsrechte nicht einzelner, sondern von Körperschaften, Verbänden, Parteien und anderen Funktionsträgern. Sie repräsentiert die Souveränität des Gesetzes gegenüber allen Teilerscheinungen des Staates und gewährleistet wie der Monarch die Einheit der Verfassung.

In diesem Zusammenhang ist die Tatsache von Interesse, daß England als einziger aller demokratischen Staaten keine Verfassungsgerichtsbarkeit besitzt. Dies ist nicht die Folge des Umstandes, daß es keine geschriebene Verfassung besitzt, England besitzt keine geschriebene Verfassung, weil seine gewachsene Staatsordnung niemals rationalisiert, niemals nach abstrakten Prinzipien aufgebaut worden ist. Die Verfassungsgerichtsbarkeit fehlt vielmehr und kann fehlen, weil England noch ein Land von echter monarchischer Struktur ist, welches institutionell von dem a priori des Königstums her gedacht ist, welches die Staatseinheit verbürgt; im Gegensatz dazu sind die rationalen Demokratien a posteriori vom Gesetzesbegriff her konstruiert und suchen ihre Verfassungseinheit in der Wahrung ihrer formal-logischen Gesetzeseinheit.

Zur Monarchie steht die Demokratie in einem eigenartigen reziproken Verhältnis. Auf der einen Seite stellt die Monarchie den ruhenden, unablösbaren substantiellen Bestand im Gegensatz zu dem jeweils präsenten Willen des Volkes dar. Auf der anderen Seite steht die Monarchie in der Initiativstellung, der die ruhende und erst zu bewegende Masse und Substanz des Volkes gegenübersteht, welches immer der Führung bedürftig ist. Monarchie und Demokratie enthalten also jedes in sich den Spannungsgegensatz zwischen Substanz und Wille, der wiederum zwischen ihnen beiden, also in doppelter Weise besteht. In den Formen persönlicher Führung drückt sich dies in den von Ursprung an getrennten Ämtern des Königs und des Kanzlers aus, während die Volksgesamtheit die gleiche innere Spannung nicht in äußerer Differenzierung darzustellen imstande ist. Das System der soziologischen Elemente gleicht bildlich betrachtet einem Tonnengewölbe, dessen Rippen von den vier Ecken in der Mitte der Aristokratie und Exekutive zusammenlaufen oder besser zusammengehalten werden. Die innere Gegensätzlichkeit zwischen Substanz und Wille in der Volksgemeinschaft drückt sich in dem Gegensatz zwischen formaler und homogener Demokratie aus, der an späterer Stelle entwickelt werden muß.

Aus diesem Aufriß ergeben sich aber schon wesentliche Einsichten für das Verständnis moderner Verfassungsformen. Wo das traditionale und das persönliche Verfassungslement gleichermaßen erhalten sind wie in England, stehen König und Kanzler (Erstminister) nebeneinander. Wo das eigentliche traditionale Element aufgehoben ist, fließen beide mit dem Schwerpunkt auf dem Kanzleramt zusammen wie in Amerika. Wo beides aufgehoben ist wie in Frankreich, sind Staatsoberhaupt und Regierungschef bis zu dem überhaupt möglichen Maße in die Exekutive hinüberverlagert. Zugleich wird erkennbar, daß jede dieser Formen eine Verkürzung der früheren Form ist, in der jeweils ein weiteres Element der vollen Struktur abgebaut ist. Die französische parlamentarische Demokratie ist eine Degenerationsform der englischen im zweiten Grade. Dies wird durch ihre geschichtliche Entstehung aus dem Einfluß des amerikanischen Vorbildes verständlich. Die deutschen republikanischen Verfassungen von Weimar und Bonn stellen in der Fortentwicklung demokratischer Verfassungstypen keine eigene Form dar; sie stehen in verhängnisvoller Unentschiedenheit zwischen dem amerikanischen und dem französischen Vorbild.

Die klassische römische Republik, an der sich der ältere Republikanismus in Europa orientiert hat, war in ähnlicher Weise wie die Vereinigten Staaten eine kupierte Monarchie, in der sich Aristokratie und Demokratie in das Erbe der königlichen Gewalt teilten, und an die Stelle der Monarchie auf

Lebenszeit das Jahreskönigtum der Konsuln trat. Hier bestand freilich eine Aristokratie des patrizischen Senats aus eigenem Recht; das Patriziat stand wie ein anderes Volk neben der Plebs. Abgesehen von der Ableitung der Staatsgewalt aus der einheitlichen Wurzel des demokratischen Gemeinwillens ist die amerikanische Verfassung unter bewußter Anlehnung an das römische Vorbild von einer kleinen Zahl klassisch gebildeter Männer unter vorsichtiger Auswägung aristokratischer und demokratischer Elemente geschaffen worden — ein klassizistischer Schinkelbau, den die modernen technischen Architekten nicht nachzuschaffen vermöchten. Diese Männer waren zu lebensklug und geschichtskundig, um dem primitiven Monismus des Einkammersystems und der jederzeitigen Ablösbarkeit der Regierung Raum zu geben. Aus diesem Monismus der Schwäche und der Staatsfeindschaft entsteht in einem bloßen Umschlag mit innerer Notwendigkeit der Monismus der Staatsallmacht, der Einheitspartei und der Unablösbarkeit der Regierung. Die Anhänger der parlamentarischen Regierungsform auf dem europäischen Kontinent ernten in Faschismus und Bolschewismus nur die faulen Früchte ihres eigenen Stammes. Die funktionale Gewaltenteilung ist nicht aufrechtzuerhalten, wenn nicht die verfassungsrechtliche Machtteilung mindestens zwischen Aristokratie und Demokratie, zwischen Senat und Repräsentantenhaus durchgehalten wird. Die Genialität der amerikanischen Verfassung liegt darin, daß sie dies unter voller Wahrung des demokratischen Grundprinzips vermocht hat. Eine ganze Reihe kluger Verfassungsbestimmungen hat dem Senat sein Schwergewicht in diesem System verschafft, aber keine mehr als die Ausschaltung des Repräsentantenhauses aus den ständigen Machtkämpfen der Regierungsbildung durch die Volkswahl des regierenden Präsidenten. Erst diese macht die verfassungsmäßige Machtverteilung zum Unterschiede von einer nur funktionalen Gewaltenteilung wirksam und vollständig. Die Bedeutung des amerikanischen Senats liegt vor allem darin, daß — mit demokratischen Mitteln — eine kontinuierlich arbeitende Körperschaft von politisch geschäftskundigen Männern geschaffen worden ist, die die Funktionen einer Aristokratie mit unbestreitbarem Erfolg wahrnimmt.[1]

Es fragt sich nun, ob ebenso wie der Senat auch das Moment der persönlichen Führung für die Kontinuität des Staates von wesentlicher Bedeutung ist, ob also alle drei Verfassungselemente als unabdingbare Momente erscheinen, deren Fehlen oder Verkümmerung zu Ausfallserscheinungen und Mangelkrankheiten führt. Jede menschliche Erscheinung bewährt ihre Lebenskraft und Gesundheit in ihrer Dauer und so ist die Frage nach den

---

[1] Eine gute Verfassung sichert freilich immer nur die Existenz des eigenen Gemeinwesens als solchen, nicht die außenpolitischen Fähigkeiten der Staatsmänner. Man darf die amerikanische Verfassung nicht für die idealistische Verblendung Wilsons und Roosevelts verantwortlich machen, die so verhängnisvolle weltgeschichtliche Folgen gehabt hat.

notwendigen Verfassungselementen beinahe identisch mit der an seiner Dauerhaftigkeit gemessenen Gesundheit des Staates.

Wenn wir die europäische Geschichte daraufhin überschauen, welche Staatsbildungen eine kontinuierliche, große Zeiträume in ungebrochener folgerichtiger Entfaltung überdauernde Lebenskraft bewiesen haben, so zeigen sich deutlich zwei Gruppen. Neben der staatsähnlichen römischen Kirche stehen die englische Monarchie, die Präsidentschaftsrepublik der Vereinigten Staaten als Gebilde von ausgesprochener Dauerhaftigkeit. Auf der anderen Seite sind die großen Staaten des germanisch-romanischen Kontinentaleuropa seit 150 Jahren in einem ständigen, mit revolutionären Brüchen durchsetzten Wechsel der Staatssysteme begriffen, Frankreich, Deutschland wie Italien und Spanien. Hingegen sieht es so aus, als ob Sowjetrußland unter dem Bolschewismus nach dem einen großen Umschlag von 1917 eine ebenso kontinuierliche, wenn auch von mancherlei Wandlungen begleitete Entwicklung vor sich hat. Es ist nicht ganz einfach zu erkennen und verständlich zu machen, welches vergleichende Dritte diese beiderseitigen Entwicklungstendenzen der Kontinuität und der Diskontinuität erklärt. Gerade die außerordentliche Unterschiedlichkeit der Erscheinungen erleichtert dies jedoch wiederum. Jener Gruppe kontinuierlicher Entwicklung, die so schlechterdings unvereinbare Gegensätze in sich birgt, ist die starke Ausbildung des persönlichen Elements, aber auch sonst nichts gemeinsam. Diese Einsicht führt zu weitreichenden Folgerungen. Die römische Kirche stellt als extreme Form eine grundsätzliche Identifikation von Person und Sache dar; alles was in ihr an Wesentlichem geschieht, ist priesterliches Amt, und dieses wiederum ist unverletzlich und substantiell unzerstörbar (character indelebilis). Umgekehrt geschieht in England alles der Form nach, aber nichts der Sache nach im Namen des Königs. Überall dort aber, wo sonst in Europa sich die Monarchie nicht der Sachentscheidung ebenso entäußert hat wie die englische, ist sie unter der Last geschichtlicher Entscheidungen in der Gegenwart zusammengebrochen, gleichgültig, ob sie sich auf die religiöse Autorität der römischen Kirche, auf die längste Tradition oder das sachliche Ansehen einer anerkannt hervorragenden und sozialfortschrittlichen Verwaltung stützte wie die preußisch-deutsche. Wenn in den nordischen Ländern und den Beneluxstaaten sich die Monarchie behauptet hat, so zeigt dies keine Durchbrechung dieses Erfahrungssatzes, sondern nur die Tatsache, daß diese Staaten heute außerhalb der eigentlichen geschichtlichen Entscheidungen relativ nur noch provinziellen Charakter tragen. Bezeichnenderweise ist als einzige dieser Monarchien die belgische gefährdet, nämlich diejenige, die zwischen Deutschland und Frankreich stehend eine eigene politische Entscheidung tragen mußte. Umgekehrt kann die verfassungsmäßige Monarchie auf Zeit, welche die Präsidentschaftsrepublik der USA. darstellt, ihren Herrscher mit der Sachentscheidung wieder in sehr hohem Grade belasten, eben weil er nur auf Zeit bestellt ist und mit seiner Politik den Staat nicht grundsätzlich und auf unabsehbare Zeit festlegt.

Die Kontinuität des Sowjetsystems andererseits beruht darauf, daß hier eine starke persönliche Autorität dogmatisch richtunggebend wirken konnte, auch ohne formell die höchsten Staatsämter zu bekleiden. Sie unterscheidet sich vom System des Papsttums nur durch den durch dogmatische Gründe bedingten Verzicht auf die formelle Herausstellung des Machtträgers. In Wahrheit ist freilich die dogmatisch führende Persönlichkeit der Motor der Bewegung, der sie in der eingeschlagenen Richtung mit souveränem Verständnis steuert. Es ist deshalb eine geschichtliche Frage allerersten Ranges, ob das Konklave der roten Parteikardinäle imstande sein wird, nach Stalins Abgang eine entsprechend autoritär wirkende Persönlichkeit herauszustellen. Ganz wie die römische Kirche hat auch die rote Kirche in jedem Lande einen Kardinalprimas. Hier ist nun im umgekehrten Sinne wie in der römischen Kirche eine Identifikation von Sache und Person eingetreten; deshalb spielt theoretisch die Frage der Persönlichkeit keine Rolle.

Erstaunlicherweise und entgegen allen Dogmen der populären modernen Staatslehre ist also das personale Element entscheidend für die Kontinuität, obwohl es gerade der Inbegriff des Zufälligen und Vergänglichen zu sein scheint. Umgekehrt wirkt der scheinbar ewige Ideengehalt als letztlich doch verfügbar und wandelbar durch seine rationale Begrenzung eher trennend als verbindend, wirkt also als Belastung und Gefährdung. Je mehr der Sachgehalt eines Staates in einer Staatsprogrammatik verfassungsrechtlich, in einem Kosmos parteipolitischer Forderungen außerverfassungsrechtlich festgehalten und niedergelegt wird, desto stärker wird diese Gefährdung, desto stärker wird das komplementäre Element der Persönlichkeit ausgeschaltet. Es treten in eben dem gleichen Maße in der Form der Diktatur Mangelkrankheiten auf.

Schon im Bereich der Strukturbetrachtung sind also in der formellen Staatslehre drei notwendige Elemente nachweisbar. Von dieser Fragestellung aus stellt die amerikanische Verfassung eine Mittellösung dar, in welcher das persönliche Element durch die begrenzte Regierungsdauer nicht aufgehoben, aber gewissermaßen nach innen, nach der anderen Seite hin, das heißt, in Richtung auf die sachliche Integration verlagert ist. Die ständigen Schwankungen, welchen Frankreich seit 1789 und Deutschland seit 1848 unterworfen ist, zeigen, daß die beiden Elemente wir Pendel ausschwingen. Nachdem mit der Monarchie das Zusammentreffen von Person und Gehalt aufgehoben ist, wechseln in immer schnellerer Folge die Versuche der verfassungsmäßigen Fixierung des Staatsgehalts und der Ruf nach dem schöpferischen Anstoß der Persönlichkeit. Die Geschichte Frankreichs ist voll von jenen Schwankungen, und vor den Toren der vierten Republik meldet sich bereits wieder als Diktator Charles de Gaulle, mag man ihn nun mit

Boulanger oder Napoleon III. vergleichen. Gerade das Unvollkommene und Unstete dieser Versuche kennzeichnet sie als Symptome einer schleichenden Krankheit, an der die parlamentarische Republik von Kindesbeinen an leidet.

Das Regime Bismarcks war die Diktatur gegen die ideologische Herrschaft der Paulskirche und des Nationalvereins. An dem Gegensatz zu ihr, deren gefährliche Unfruchtbarkeit vor allem in den internationalen Beziehungen Bismarck zu betonen nicht müde wurde, hat er sich zum Politiker gebildet. Der Illusionismus des Nationalvereins würde Deutschland zwei- oder dreimal in einen europäischen Krieg verwickelt haben, wenn nicht besonnene Politiker älterer Schule vorhanden gewesen wären. Es ist Hitler vorbehalten geblieben, den demokratischen Illusionismus seiner nationalliberalen Großväter in die Tat umzusetzen. Die sonst fast unbegreifliche Tatsache, daß Bismarck nicht versucht hat, seinem System Dauer zu verleihen, findet in ihrem Diktaturcharakter ihre Erklärung. Die Diktatur Hitlers ist die komplementäre Reaktion auf die Weimarer Republik, die des tragenden Moments der Persönlichkeit nach französischem Vorbild ebenfalls entbehrte. Umgekehrt ist die Blässe und Farblosigkeit der Parteiprogramme der großen amerikanischen Parteien, die für den Europäer fast unverständliche Unterscheidungen sind, das entsprechende Beispiel dafür, daß das personale Moment in der Person des Präsidenten wie jedes Staatsgouverneurs wie überhaupt in der Gesamtstruktur des öffentlichen Lebens voll erhalten ist. Erst in der allerletzten Zeit scheinen sich die amerikanischen Parteien der versachlichten Grundstruktur des europäischen Parteiwesens — liberalisierte Konservative gegen gemäßigte Sozialisten — anzunähern. In England ist es lange Zeit in sehr ähnlicher, wenn auch nicht so weitgehender Weise gelungen, die Parteikämpfe des ideologischen Charakters zu entkleiden und sie auf eine fest umrissene aktuelle Programmatik zu begrenzen. Der Engländer bewältigte gewisse Aufgaben mit den Mitteln der einen oder anderen Doktrin, aber er band sich nicht an diese und entschied sich noch in erheblichem Maße frei. Die eine Partei führte diese, die andere jene Reform durch. Die Freiheit zur Sache wurde durch die Freiheit von der Ideologie und damit die Freiheit der persönlichen Entscheidung des Wählers für den zu Wählenden gewährleistet. Heute tritt auch in England der ideologische Charakter politischer Entscheidungen bereits stärker hervor. Das System droht dadurch blockiert zu werden, daß der übergroße Teil der Wähler in zwei annähernd gleichstarken Blöcken fest gebunden ist und echte und vor allem wechselnde Mehrheiten nicht mehr zustande kommen. Immerhin ist hier noch ein unangefochtener Bestand der Staatsgrundlagen vorhanden, während diese auf dem Kontinent mühsam in Verfassungsparagraphen zusammengeflickt und ausgehandelt werden, um nur die gröbsten Übergriffe der anderen Weltanschauungspartei auszuschließen. In diesen Sumpf arbeitet man sich aber durch Anstrengungen immer weiter hinein.

An diese Stelle gehört auch eine Erörterung der staatstheoretischen Bedeutung des politischen Parteiwesens. Dieses als rationale Organisationsform ist eine späte Erscheinung in der Entwicklung des Staates und nur unter dieser Voraussetzung ein notwendiger Bestandteil des Staatsbegriffs und der Staatswirklichkeit. Eine Ausscheidung der politischen Partei zugunsten ständisch-statischer politischer Formen ist in der Gegenwart auch den radikalsten Gegnern des Liberalismus nicht gelungen und kann infolge der rationalen Grundlage des gegenwärtigen Staatslebens nicht gelingen; auch Faschismus und Bolschewismus haben Begriff und Wirklichkeit der politischen Partei nicht aufheben, sondern dem Parteiwesen nur eine andere Struktur und Bedeutung geben können.

In den älteren, personhaft-familiären Verhältnissen junger Völker ist die Königswahl als zentrale politische Entscheidung so sehr Gesamtakt, daß Einstimmigkeit verlangt wird, genau wie bei den meisten Entscheidungen genossenschaftlicher Verbände. Die Bindung ist so eng, daß die Minderheit moralisch gezwungen ist, sich der Mehrheitsentscheidung nicht nur zu fügen, sondern sich ihr bereits im Entstehen positiv anzuschließen. Der Vorgang ist ein so stark existentieller, daß eine Spaltung eintritt, wenn diese Art der Einstimmigkeit nicht erreichbar ist. Dieses System ist nur sehr schwer im Sinne moderner Mehrheitsentscheidung rationalisierbar. Wenn und weil der Übergang zu rationalen Formen nicht gefunden wird, entsteht der Mißbrauch des liberum veto auf dem polnischen Reichstag. Hier wird formal noch im Sinne der alten genossenschaftlichen Einstimmigkeit, sachlich aber gegen ihren Sinn gehandelt, der zugleich eine brüderliche Verpflichtung zum guten Willen einschließt.

In der vorzugsweise in England vollzogenen Entwicklung des Parteiwesens fließen Adelsfraktionen und Religionsparteien als bewegende Kräfte zusammen. Sie werden allmählich in die Form einer bestimmten Verfassung hineingezwungen. Der Begriff der politischen Partei im modernen Sinne bedeutet eine sachliche Fortentwicklung beider. Denn die Glaubensentscheidung und die Zugehörigkeit zu einer Religionspartei ist eine einmalige und dauernde, die Zugehörigkeit zu einer Adelsgruppe ist ein Ausfluß traditionaler Zusammenhänge und willkürlicher Machttendenzen. Das politische Parteiwesen setzt jedoch die volle Verfügbarkeit der Gegenstände ihrer Entscheidung und deren zweckhafte Sachlichkeit voraus. So drücken sich auch im Parteiwesen allmählich mit innerer Notwendigkeit die Strukturelemente des Staates aus. In der inneren Ökonomie eines politischen Gemeinwesens stehen sich die natürlichen, schöpfungsmäßigen, partikularen, traditionalen, institutionellen Momente auf der einen, die rationalen, allgemeinen, fortschrittlichen, eschatologischen auf der anderen Seite gegenüber. Diese Einheit ist häufig unter dem Bilde eines Pendels verstanden und dargestellt worden; dieser Vergleich hinkt wie alle Vergleiche insofern, als es sich ja um eine geschichtliche Fortbewegung handelt, in der das Pendel nie ganz auf den alten Punkt zurückkehren kann. Davon abgesehen aber ist das Bild sehr treffend. Ein Pendel kann nur funktionieren, wenn es auf der einen Seite einen festen Aufhängepunkt besitzt, auf der anderen Seite frei schwingt. Das Parteisystem setzt also einen festen Punkt jenseits des Streits in Gestalt eines Grundstocks von Überlieferungen und Überzeugungen voraus, der nicht angetastet werden darf. Es ist dasselbe, was vordem die genossenschaftlich-gemeinschaftliche Verbundenheit war, die den Mißbrauch des Rechts durch eine korrespondierende Verpflichtung ausschloß. Diese Gemeinsamkeit drückt sich meist äußerlich gesehen in der Anerkennung oder Nichtanerkennung der Verfassung aus; dies kann aber zu dem Irrtum verführen, daß es sich nur um die Fragen der Spielregeln handele: in Wahrheit handelt es sich um die der Verfassung zugrunde liegenden und in ihr niemals vollständig ausdrückbaren gemeinschaftsbildenden Werte. Jener Irrtum ist aus einer Anschauung entstanden, die in der Weltgeschichte selbst ein logisch-dialektisches Spiel der Vernunft und des vernünftigen Wettbewerbs der Diskussion sah.

Nur unter der Voraussetzung einer solchen Basis ist ein Ausschwingen, ist eine Ablösung der Parteien in der Regierungsverantwortung ohne Vorbehalt und Ressentiment möglich. Nur die Staaten, in denen dies möglich ist, sind als intakte zu bezeichnen; es sind heute nur noch die angelsächsischen und die skandinavischen.

Ist aber der Aufhängepunkt nicht mehr vorhanden, so muß das Pendel notwendig an der anderen Seite festgelegt werden, damit es nicht ins Bodenlose fällt. Es tritt dann eine mehr oder minder ausdrückliche Monopolisierung, eine Einengung des Kräftespiels auf bestimmte Gruppen ein, welche andere wiederum ausschließt.

Die Zerstörtheit dieses Systems zeigt sich sehr deutlich in der Neigung fast aller französischen Parteien, sich als „links" zu bezeichnen, fast ohne Rücksicht darauf, ob überhaupt eine Rechte vorhanden ist und was sie für Ziele hat; ebenso ist kennzeichnend der Wunsch der Parteien des Bonner Bundestages, möglichst sämtlich in der Mitte oder links zu sitzen. Links und Mitte sind relative Begriffe, die ohne ein Rechts ebensowenig Sinn haben, wie umgekehrt; in einem solchen System geht die Rechte um wie der ruhelose Geist des gemordeten Königs im Hamlet, der seine Sünden im Fegefeuer büßt und die Lebenden schaudern macht.

Jene Monopolisierung tritt entweder in der liberalen Form der Blockbildung, der großen Koalition, oder in der totalitären, der Einheitspartei, auf. Beide Systeme sind dadurch gezwungen, alle Probleme in ihrem eigenen Schoße auszutragen; dadurch erlangen sie unvermeidlich einen institutionellen Charakter. Alle Anliegen, die bei ihnen kein Gehör finden, haben dann keine Aussicht mehr auf Berücksichtigung, weil der Block seine Herrschaft mit der Bewahrung der Verfassung gleichsetzt und bis zu einem gewissen Grade sogar mit Recht. Dadurch wird der Block zu einer zäh verfilzten Einheit, deren Undurchdringlichkeit auch harmlose Gegner in die grundsätzliche Opposition treibt. Für die deutsche politische Entwicklung wäre es von unschätzbarem Werte gewesen, wenn 1924 eine Einigung über die Schielesche Reichsreform möglich gewesen wäre. Ganz unabhängig davon, inwieweit die Verfassung tatsächlich geändert wurde, hätte ein solche Einigung in Wahrheit erst eine Basis für ein loyales politisches Zusammenleben geschaffen und jene falsche Gleichsetzung von Koalition und Staat beseitigt. Die Starrheit des deutschen Parteidenkens hat das verhindert. Der umgekehrte Weg, um jeden Preis einen vollen Regierungswechsel zu verhindern, hat durch die Unmöglichkeit, jemals zu einer echten Rechtsregierung zu kommen, sehr viel zur Radikalisierung beigetragen.

Diese Dinge haben sich in der Gegenwart noch wesentlich vertieft und verschärft. Frankreich, Westdeutschland, Italien, die großen Länder mit zerstörter Staatstradition, leben von den Blockbildungen der „dritten Macht". In ihr finden liberale und sozialistische Kräfte ihren Schnittpunkt und Ausgleichspunkt in dem ausgleichenden statischen Denken des römischen Katholizismus. Während zur Zeit der Reformation der Staat die zerstörte Kirche schützte, gibt es heute nicht die offizielle Kirche, aber das politisch organisierte Kirchenvolk dem zerstörten Staate eine Notordnung, die erst ein politisches Zusammenleben ermöglicht, während rechts und links die Parteien deutlich die Merkmale einer politischen Glaubensgemeinschaft ausgebildet haben. Das Parteiwesen nähert sich in seiner Fortentwicklung wieder seinem Ausgangspunkt, der Religionspartei — und zugleich der um die Macht kämpfenden Adelsgruppe. In dem totalitären Einheitsparteiwesen des Faschismus und Bolschewismus wird die Wahl wieder aus der rationalen, freien Entscheidung zum Gesamtakt einer homogenen, existentiell gebundenen Gemeinschaft. Die Zwangsmäßigkeit und Künstlichkeit solcher späten, mechanistischen Formen wird dabei sehr deutlich sichtbar, die sie als Produkt von Desintegrationserscheinungen kennzeichnet, die gewaltsam überwunden werden sollen. In Wahrheit werden die Entscheidungen in den blutigen Machtkämpfen der herrschenden Oberschicht ausgefochten, die sich nicht mehr mit dem Schwerte, sondern mit der ideologischen Denunziation bekämpfen und ausrotten. Die politische Gerichtsbarkeit, welche Lehnsuntreue ahndet, wird zur Inquisition auf der Grundlage rationalistischer Dogmatik.[1]

Die innere Dialektik des Parteiwesens ist also einer Zersetzung, einer Desintegration anheimgefallen. Das Gleiche aber gilt, wie vorher gezeigt, für das Verhältnis des Parlaments zum personalen Element des politischen Lebens, zur politischen Führung. Das Parlament als repräsentative Einheit aller politischen Möglichkeiten eines Gemeinwesens hat ebenso seine Struktur verloren wie die Verfassung als Ganzes. Nun ist die Idee des Parlaments

---

[1] Vgl. die Schrift des Verfassers „Politische Gerichtsbarkeit".

als eines geschlossenen, alle Funktionen des Staates aus sich erzeugenden Kreises das Produkt einer bestimmten Metaphysik, die hier ebensowenig interessiert wie an anderen Stellen dieser Arbeit; denn diese beschränkt sich bewußt auf eine strukturelle Untersuchung immanenter Gegebenheiten. Es genügt also hier zu zeigen, daß eine bestimmte Form der Demokratie eine bestimmte Stufe in der Abwandlungsreihe reiner Verfassungstypen darstellt.

Der kontinentale antipersonalistische und antitraditionale Parlamentarismus ist also das Produkt einer Scheidung von Person und Sache, einer Auseinandersetzung, einer Desintegration zweier wechselbezüglicher Elemente, die nunmehr in der Isolierung sich gegenseitig ablösen und zerstören. An die Stelle des Ineinander ist ein Gegeneinander, an die Stelle des Miteinander ein Nacheinander getreten. Indem die Diktatur hinter dem Parlament einherhinkt wie eine Lokomotive hinter dem Zuge, sind die Dinge verkehrt, statt daß die schöpferische Antriebskraft der Persönlichkeit vorangeht.

Wenn nun in der Gegenwart die Monarchie sich nur durch Entäußerung von der Sachentscheidung hat behaupten können, durch die Belastung mit ihr zerstört wurde, so kann dies zwei gegensätzliche Gründe haben: entweder ist die Monarchie in der Gegenwart schwächer geworden oder die Last der sachlichen Entscheidung größer. Beides trifft zugleich zu. In der Tat ist die praktische Tragweite politischer Entscheidungen in den letzten 50 Jahren in eben dem Maße gewachsen wie die technische Beherrschung der Natur und die Dichte der sachlichen Verflechtung aller Lebensbeziehungen. Wenn die Unterschrift von Truman, Stalin und Attlee unter das bloße diplomatische Provisorium von Potsdam 1945 genügt hat, um 15 Millionen Menschen aus ihren rechtmäßigen Wohnsitzen zu vertreiben und 700 Jahre Geschichte Ostdeutschlands zu vernichten, so besitzen diese demokratischen Politiker — von Hitlers Ausrottungspolitik ganz zu schweigen — mehr praktische Macht als irgendein Selbstherrscher seit den Zeiten Dschingis Khans — und die praktischen Wirkungen ihrer Entscheidungen unterscheiden sich auch in nichts mehr von denjenigen eines solchen Herrschers. Mit der praktischen Möglichkeit derartiger Maßnahmen scheint jedoch auch eine bisher für unmöglich gehaltene Bereitschaft zu solchen Entscheidungen entstanden zu sein. Diese Steigerung der tatsächlichen Staatsmacht und die Bereitschaft zu ihrer Anwendung geht mit der fortschreitenden Ablösung monarchischer Staatsformen und traditionaler Gehalte Hand in Hand und parallel. Nicht die Verminderung der Staatsmacht, sondern ihre Vermehrung ist das Merkmal ihrer Rationalisierung. Gerade die französische Revolution hat die Allmacht des Staates nicht aufgehoben, sondern nur in andere Hände gelegt.

Das Bild wäre jedoch unvollständig, wenn wir es nicht zugleich auch unter dem Gesichtspunkt der Diskontinuität betrachteten. Zum menschlichen Leben gehört ebenso wie die Sicherung des Fortbestandes auch die ständige Erneuerung. Diese Diskontinuität wird in der Monarchie durch den Generationswechsel gesichert. Der König lebt nicht nur repräsentativ, sondern er stirbt auch repräsentativ — und dies ist mindestens ebenso wichtig. Sein Tod schließt eine Epoche unwiderruflich ab; er kann nicht wiederkehren wie ein gestürzter Oppositionsführer. In einer tragischen Verkettung der Dinge haben die letzten beiden wirklichen Monarchen Europas, Kaiser Wilhelm I. und Kaiser Franz Joseph I., das höchste Alter erreicht, zu lang gelebt für ihre Thronfolger, die imstande gewesen wären, ihren Reichen neue Formen zu geben.

Das Volk dagegen lebt gerade dadurch diskontinuierlich, weil niemals von ihm gesagt werden kann: le peuple est mort, vive le peuple. Seine Generationen gehen ewig fließend ineinander über. Vergangene Fehler und zukünftige Hoffnungen, Böses und Gutes liegt ewig ungeschieden nebeneinander. Darum kann es heute Hosianna und morgen Kreuzige rufen. Hierin liegt viel mehr, als es eine oberflächliche Volksverachtung hat wahrhaben wollen. Es kann so sein, weil es der Urgrund ist, aus dem alles emporsteigt und in den alles zurückkehrt — und sei es auch erst in der Gleichheit des Todes. Nicht allein vor Gottes Thron, sondern schon im Tode und vor dem Gesetze des Volkes sind wir gleich. Deshalb ist das Volk in einem letzten Betracht jenseits von Gut und Böse. Die Entscheidungen und Gestaltungen sind noch in ihm beschlossen und erscheinen angesichts seiner ständigen realen Präsenz zurücknehmbar, während die Monarchie streng an das Gesetz gebunden ist, wonach sie angetreten. Dieser Widerspruch zwischen Geschichte und Geschichtslosigkeit, zwischen Gebundenheit der Führung, der nur wenige und seltene Weichenstellungen gegeben sind, und der Willkür des souveränen Volkes ist eine der tiefsten Tatsachen des geschichtlichen Lebens. Aber kein Verfassungssystem, weder noch der Absolutismus der Führung noch der Absolutismus des Volkes vermag diesem Widerspruch auszuweichen oder ihn ein für allemal zu lösen.

8. Kapitel

Die Verfassungselemente im einzelnen

Diese in ihrer gegenseitigen Bezüglichkeit und konstruktiven Unentbehrlichkeit gezeigten Elemente bedürfen nunmehr der Darstellung im Besonderen.

A. Institutio — Monarchie

Ist das personale Moment für die Kontinuität eines Staates entscheidend, so drückt sich dies am schärfsten und folgerichtigsten in der Einrichtung der Erbmonarchie aus. Für dieses Königtum sind alle technischen Funktionen und Befugnisse der Verfassung sekundär, es repräsentiert die bleibende und vorgegebene Substanz des Volkes. Eben darum ist der Satz möglich „Le roi règne, mais il ne gouverne pas". Er kann auch „gouvernieren", aber das ist kein notwendiges Begriffsmerkmal der Monarchie. Er legitimiert die Regierung, braucht sie aber nicht selbst auszuüben. Die Regierung vollzieht sich, wie schon zweimal im anderen Zusammenhang entwickelt, vor ihm, nicht durch ihn, auch soweit er miteingreift. Er stellt ideell und sachlich den dauernden Bestand sicher; darum — und nicht auf Grund eines formalen zivilrechtlichen Titels ererbter Rechte ist er souverän. Die Monarchie kann auch ihrem Wesen nach nicht abgeschafft werden; man kann sich nicht seiner eigenen Substanz entledigen — wohl aber einer unfähigen oder mißliebigen Regierung. Dieses Wesen der Monarchie geht also über die bloße Repräsentation der formalen staatsrechtlichen Einheit hinaus, die auch ein Präsident wahrnehmen kann; dies ist nur aktuelle, nicht geschichtliche Repräsentation — König ist man auch in der Wahlmonarchie kraft Geburt und Salbung, nicht kraft Übertragung von Rechten. Sie ist Repräsentation im Wesen, nicht im Willen; und deshalb kann nicht eine beliebige Person diesen Posten ausfüllen, sondern eben nur der geborene König. Er ist dem Sinne nach nicht der Klügste und Stärkste, sondern der Weiseste und Edelste. Aber schon Möller van den Bruck hat gesagt, daß die Königlichkeit aus der Welt gegangen ist. Das Königtum lebt vom Opfer. Wilhelm I. konnte noch auf sein persönliches Glück verzichten, Eduard VIII. nicht mehr. Die Verknüpfung mit dem Volkstum als schöpfungsmäßiger und Fortpflanzungsgemeinschaft drückt sich auch darin aus, daß zum König eine Königin und eine Folge von Generationen gehört, während es ziemlich gleichgültig ist, ob ein Präsident eine Frau hat oder nicht. Mit dem Königtum verknüpfen sich die tiefsten menschlichen Dinge — Heroismus und Tragik, Genie und Wahnsinn heben ihr Wesen nicht auf — Friedrich der Große und Karl der Zwölfte, Lear und Richard III. — sie sind nur in einer sehr menschlichen Welt möglich. Der König als Leitbild und Prototyp eines bestimmten individuellen Volkstums repräsentiert die persönliche Weltordnung, die geschichtliche Einmaligkeit und Unableitbarkeit dieser Besonderheit und geht mit dieser und aller Besonderheit unter. Aber sicher sind niemals Menschen mit so uneingeschränkter Überzeugung der Übereinstimmung mit der Weltordnung gestorben als die Gefolgsleute, die im Kampfe für das edle Blut ihrer rechtmäßigen Könige fielen. Sie starben für etwas, was mehr war als sie selbst und als sie selbst jemals werden konnten, und woran sie zugleich tiefsten Anteil hatten. Noch heute sieht das demokratische Volk von England in dem Glanz seines Könighauses und seines Hochadels nicht das Protzentum reicher Leute, sondern die gesteigerte Darstellung seines eigenen Wesens und damit zugleich die Macht und den Glanz seines Reiches. Mit Devotion und Knechtsgesinnung hat dies gar nichts zu tun; wo es so ist und wo es so verstanden und verzerrt wird, ist dies nur ein Zeichen für das Absterben des monarchischen Gedankens. In dieser Beziehung liegt immer ein Doppeltes vor: eine substantielle Identität des Repräsentanten mit dem Repräsentierten, ebenso wie ein Abstand zwischen beiden. Es ist der Zauber des echten Adels, der wie der alte Stechlin bei Fontane ein besserer Sozialist ist als der offizielle Sozialdemokrat und sich doch von seinem Wesen nichts vergibt. Es ist eine Doppelschichtigkeit, die der Klügere, der bürgerlich Gebildete nicht erreicht, welche nicht das Wissen, sondern nur Substanz und Tradition gewähren.

Wer den institutionellen Charakter des Staates, einer besonderen geschichtlichen Existenz, eines Volkstums anerkennt, erkennt auch an, daß es einen Schöpfer dessen gibt. Aus dem einfachen Satze, daß der Schöpfer mehr ist als das Geschöpf, ergibt sich auch das Moment der Autorität; denn sie ist nichts weiter als Anerkennung der Urheberschaft. Die Anerkennung der Weisheit des Alters verknüpft sich hiermit notwendig wie das Prinzip der Tradition. Deshalb heftet sich die Monarchie an die älteste Familie, deren Ansehen auch zeitlich nichts vorangeht; so rangieren im demokratischen Amerika die Familien in ihrem Ansehen nach dem Datum ihrer Einwanderung — auf und womöglich noch vor der Mayflower. Es war mehr als eine Reminiszenz, wenn Bismarck wiederholt mit betontem Freimut aussprach, daß sein Geschlecht länger im Lande gesessen habe als die Hohenzollern, denen er diente; mit ähnlichen Gefühlen rebellierte der ostpreußische Adel gegen die Zerstörung seiner ständischen Freiheiten.

Aus diesen Gründen ist die Monarchie aus verfassungstechnischen Zweckmäßigkeitserwägungen nicht wiederherstellbar. Sobald man ihre Nützlichkeit zu beweisen unternimmt, beginnt sie schon zu sterben; man beweist auch nicht die Nützlichkeit seiner Ahnen. Sie wächst wie ein Baum, der, einmal gefällt, nicht zum Weiterwachsen gebracht werden kann. In dem großen Walde der europäischen Monarchien sind die meisten Bäume schon geschlagen, und es gibt keine Baumschule, in welcher sie nachgezogen werden — auch ist der Boden, der sie tragen könnte, ausgeschwemmt und verkarstet. Es gibt einen Royalismus notwendig und begrifflich nur als Treue gegen ein konkretes Fürstenhaus, nicht als universales ideologisches Prinzip. Bismarck, der seine republikanischen Neigungen freimütig bekannte, sprach im Sinne des echten Royalismus gegen den Romantiker Gerlach, wenn er sagte, er sei seinem König treu bis in die Vendée, aber gegen die übrigen empfinde er keine Verpflichtung. Das Königtum kann nicht rationalisiert und zur Idee verallgemeinert werden. Darin liegt seine Größe und seine Schwäche — aber zugleich diejenige jedes Royalismus, der mit heiliger Überzeugung für ein Stück und Abbild göttlicher Weltordnung kämpft.

Alle übrigen Formen personaler Führung sind Minderformen, rationalisierte Verkürzungen gegenüber der sorgfältig in langen Jahrhunderten ausgebildeten und gepflegten Kulturform der Erbmonarchie — daß die Diktatur auf einer völlig anderen Grundlage steht, braucht auch dort nicht betont zu werden, wo sie in Spätzeiten in der Form des Cäsarismus auftritt.

Die zweite genuine Form personaler Führung ist das Amt des Kanzlers, des Regierungschefs, des leitenden Staatsmannes. Er stellt nicht den ruhenden traditionellen Bestand sicher, sondern faßt die aktuellen politischen Kräfte des Staatswillens in seiner Person zusammen. Beide Formen sind gegeneinander nicht aufhebbar. Wo ein Kanzleramt mit sichtbarer und tatsächlicher Verantwortlichkeit nicht besteht, treten Günstlinge unverantwortlich an seine Stelle, wie in Frankreich vor Richelieu. Bismarck hat König Wilhelm I. vor seiner Amtsübernahme dargelegt, daß er nicht sein eigener Minister sein könne, und dieser war klug genug, dies einzusehen. Sein Enkel dagegen, der diese Einsicht nicht besaß, scheiterte daran und war seit dem Jahre 1908 ein politisch toter Mann, dem nur die politische Zwecklüge noch die Rolle eines Autokraten angedichtet hat. Daß der Minister die Verantwortlichkeit für die Entschließungen des Königs übernimmt, ist deshalb auch vom Standpunkt des monarchischen Staatsrechts völlig folgerichtig gedacht. Das Verhältnis beider läßt sich verfassungsgemäß nicht restlos umschreiben und gesetzlich rationalisieren. In kräftigen Monarchien kann der Kanzler fast zum Prügelknaben und Opfer werden, in parlamentarischen der Monarch zur repräsentativen Schattenfigur. Dazwischen liegt in den verschiedensten Formen die Wirklichkeit.

B. Consensus — Demokratie

Gerade das Beispiel der lebenskräftigsten Monarchie der Gegenwart, der englischen, zeigt sehr deutlich, daß auch die Monarchie auf der Grundlage eines ihr soziologisch polar entgegengesetzten Elementes, der Anerkennung der Allgemeinheit, auf der Grundlage des consensus beruht. Ohne diese fraglose Anerkennung kann sie auf die Dauer nicht bestehen. Eine Monarchie, die nicht Prinzip und Ordnung, sondern Gegenstand des Streites und der Diskussion ist, ist am Anfang ihres Endes. Das Unverfügbare kann sinngemäß nicht verfügbar gemacht werden.

Das Widerspiel der Monarchie, die Demokratie nun beruht auf dem Prinzip der Gleichheit, und zwar in doppelter Weise: Sie verlangt Gleichheit der Bürger unter sich und Gleichheit als Identität von Regierenden und Regierten. Beide Forderungen können in zwei systematisch entgegengesetzten Formen verwirklicht werden.

Entweder ist die Gleichheit der Bürger eine solche der gleichen Chance, eine formale Gleichheit der Freiheit der Betätigung und des Willens. Dann findet sie ihren politischen Ausdruck im freien Wettbewerb der Interessen und Bestrebungen und in der Repräsentation im Willen. Diese formale Demokratie erzeugt als ihren Prototyp den des Advokaten. Das ist wichtig in seiner eigentlichen Bedeutung zu erkennen. Der Advokat vertritt seinen Mandanten nach dessen Willen im Willen, nicht aus eigenem oder Amtsrecht. Aber er ist doch an der objektiven Gesetzlichkeit der geltenden Rechtsordnung geschult und orientiert. In ihrem Rahmen vertritt er die ihm anvertrauten Interessen und sucht sie mit ihr in Einklang zu bringen, als mit ihr in Einklang befindlich nachzuweisen. Der aus den verschiedenartigen Bestrebungen sich bildende Gesamtwille (volonté de tous) führt nach der zugrunde liegenden Auffassung theoretisch, mindestens aber praktisch, zum besten erreichbaren Ergebnis; denn jedes Ergebnis, das nicht auf der freien Übereinstimmung beruht, erscheint wertlos. So lohnt sich entweder das zugrunde liegende Vertrauen auf die endliche Harmonie, die aus dem freien Wettbewerb schließlich doch hervorgehen muß, oder der Mensch erkennt, daß nicht mehr an positiven Ergebnissen herauskommen kann, als an positiven Kräften vorhanden ist.

Oder aber — in der zweiten Form — ist die Gleichheit der Bürger eine inhaltlich materielle; so entsteht die homogene Demokratie der Nationen oder Klassen, die Demokratie der inhaltlich vorbestimmten Gemeinsamkeit. Weil diese vorgegeben ist, ist sie nicht wie die formale Demokratie in vollem Umfange verfügbar. Nur einer Minderheit wohnt das wache, geschärfte Bewußtsein der gemeinsamen Werte inne; in der materiellen Demokratie sind die Demokraten infolgedessen immer in der Minderheit. Das gilt für ihre jakobinisch-bolschewistischen wie für ihre faschistischen Formen. Ihr Prototyp ist nicht der Advokat, sondern der Kommissar, der Funktionär. Er nennt sich Beauftragter, ist aber in Wahrheit nicht Beauftragter des Volkes, sondern eines kleinen Gremiums bewußter Kämpfer, die die ziellose oder widerspenstige Masse führen. Die Gesetzlichkeit, in deren Namen er handelt, ist nicht die des Gesetzes in seiner formalen Transzendenz, sondern es ist die volle Immanenz des Wesensgesetzes der Gemeinsamkeit, die er vertritt oder zu vertreten vorgibt. Diese Einheit ist nicht eine formale vertragsmäßige Vergemeinschaftung gleichlaufender Interessen, sondern eine materielle oder Wesenseinheit. Ihr Ausdruck ist nicht die im Spiel der Kräfte erzeugte volonté de tous, sondern die volonté générale. Deswegen haßt auch die radikale Demokratie, Hitler so gut wie Stalin, den Juristen als den Vertreter einer außer ihr selbst liegenden formalen Gesetzlichkeit wie der Gläubige den gesetzestreuen Pharisäer. Die dominierende Rolle der Advokatur in der französischen Demokratie ist bekannt; weniger bekannt ist die analoge Erscheinung im amerikanischen Repräsentantenhaus.

Jene soziologische Erscheinung der volonté générale, des consensus im engeren und speziellen Sinne, hat Spengler in seinen weltgeschichtlichen Perspektiven glänzend beschrieben, aber seine Erkenntnis durch die Eingliederung dieser Erscheinung in das von ihm konstruierte magische Zeitalter der abendländischen Kultur in ihrer allgemeinen Bedeutung verdunkelt. Die Beziehung zu religiösen Gemeinschaftsbildungen besteht allerdings darin, daß der consensus nur dort auftreten kann, wo es sich um existentiell wesensmäßige, nicht lediglich rational-willensmäßige Bindungen handelt, wie es also gerade auf dem Boden religiöser Gemeinschaftsbildungen der Fall ist. In der Tat lebt die formale Demokratie vom Ethos der Gesetzlichkeit, die homogene vom religiösen oder pseudo-religiösen Pathos. Es ist hier jenes von Spengler zitierte Wort Mohammeds zu wiederholen: Mein Volk kann nie in einem Irrtum übereinstimmen. Es ist in der Tat keine soziale Einheit denkbar, in der sämtliche Mitglieder in der Verkennung ihrer Grundlage, ihres Lebensprinzips einig sind. Auch eine zerfallende Gemeinschaft findet immer noch wenigstens eine Minderheit, die in echter Erkenntnis ihrer tragenden Werte sich gegen die Zersetzung wehrt. Die Kategorien des Irrtums und der Wahrheit aber haben im Bereich der zweckhaft Begrenzten und subjektiv Verfügbaren keinen Platz, sondern nur dort, wo der Vergleich mit einem objektiv Vorgegebenen, dem Wesen, und zwar nicht des einzelnen, sondern der Gemeinschaft möglich ist.

Die Haltung der Vertreter der formalen Demokratie dem Problem der substantiellen Gleichheit gegenüber ist von Skepsis und Furcht gemischt, Skepsis gegenüber der Darstellbarkeit der volonté générale, Furcht vor ihren Erscheinungen sowohl wie vor den Folgen ihrer Vernachlässigung. Ihre Skepsis hat eine gewisse Berechtigung; die volonté générale ist in der Tat nicht mit voller Sicherheit erfaßbar, nicht voll rationalisierbar. Weder hohe qualifizierte Mehrheiten noch ein Vetorecht der Minderheiten noch sonst technische Lösungen im Stimmrecht bieten eine Gewähr für ihre Erfassung. Man kommt nicht darum herum: es geht nicht um eine quantitative Steigerung, sondern um etwas qualitativ Anderes, nicht um die Zustimmung möglichst vieler, sondern um die Lösung, die schlechthin überzeugt und einigt, um die Erfassung tieferer emotionaler Kräfte.

Die eine praktische Möglichkeit ist also die mechanisch möglichst weitgetriebene Annäherung an die Zustimmung aller, die andere ist die des Plebiszits. Der Sinn des vor allem in der Schweiz so außerordentlich häufig angewandten Plebiszits ist nicht der, untergeordnete und technische Sachfragen, wie den Bauplatz eines Schulgebäudes zur Entscheidung zu stellen, sondern Entscheidungen über Grundsatz- und Richtungsfragen herbeizuführen, für die auch eine sachkundige und verantwortungsfähige Volksvertretung nicht voll legitimiert ist. Das sachliche Plebiszit ist aber an die Formulierung gebunden und bedeutet wegen der darin liegenden Möglichkeiten zur Verschiefung der Fragestellung in größeren Verhältnissen meist nur den Übergang von einer Methode der Verfälschung des Volkswillens zu einer anderen. Diese Gefahr besteht im wesentlich geringeren Maße beim Personalplebiszit. Die Entscheidung für oder gegen einen Mann ist von unmittelbarer Ehrlichkeit. Es macht die tiefempfundene Unehrlichkeit des kontinentalen und insbesondere des deutschen Parlamentarismus aus, daß nicht wenige Persönlichkeiten auf Grund von Fraktionsabstimmungen sich in maßgebenden Stellungen befinden, welche in freier Volkswahl kaum eine Chance hätten, gewählt zu werden. Die beachtlichen Bemühungen der Deutschen Wählergesellschaft, diese Dinge ins Bewußtsein zu bringen, stehen in der Gefahr, ins Technische des Wahlrechtsproblems abzusinken; eine vorzugsweise technische Auffassung des Problems bedeutet jedoch eine Gefährdung des grundsätzlichen Verständnisses.

Das Personalplebiszit, welches in den Wahlrechten der angelsächsischen Länder eine so entscheidende Rolle spielt, ist auf dem Kontinent durch Napoleon III. und angeblich durch Hitler in Verruf geraten, obwohl letzterer ja nicht durch das Plebiszit, sondern durch Organisation und Wahlen und schließlich durch Rechtsbrüche zu Macht gelangt ist. Der Zerfall der nicht mehr tragfähigen volonté de tous gab ihm den Vorwand für ihre Ausschaltung zugunsten der angeblich von ihm vertretenen volonté générale. Gerade aber darin zeigt sich, daß es sich um eine echte Desintegrationserscheinung handelt, ein Gegeneinander zusammengehöriger Elemente, nämlich freier Entscheidung und existentieller Bindung. Es gelingt nicht mehr, volonté de tous und volonté générale zur Deckung zu bringen; in den Verfassungen und Wahlrechten der angelsächsischen Demokratie gelingt es noch, weil deren politische Grundlage noch unzerstört ist. Die Formen der angelsächsischen Demokratie stellen sich auch unter diesem Gesichtspunkt als echte Mittellösungen heraus: Die volonté générale ist soweit als möglich rationalisiert, die volonté de tous soweit als möglich zusammengefaßt und emotionalisiert.

Nach dem Gesagten dürfte klar sein, daß es sich bei dem Problem der Demokratie nicht um dasjenige der Identität von Regierenden und Regierten — denn eine solche ist ja in Wahrheit überhaupt nicht möglich —, sondern um das Problem der Identifikation handelt. Die Identifikation im Willen ist verhältnismäßig leicht herzustellen und ebenso zu berichtigen; um so schwerer ist die Identifikation im Wesen, in der Substanz. Das britische Volk vermag in seiner ungebrochenen Tradition als demokratisches Gemeinwesen seine monarchische Form zu bewahren, weil es die Dynastie als eigenes Fleisch und Blut empfindet, weil es sich im Wesen vom Königtum repräsentiert fühlt. In der Monarchie ist in einem in Verfassungsbestimmungen nicht definierbaren Maße mit der Kontinuität auch die materielle Tradition gesichert. Außerhalb der monarchischen Tradition versucht sich der liberale Demokrat mit dem Gesetz, mit der Verfassung idealistisch zu identifizieren, der er eine Art von Heiligkeit zu geben trachtet, ohne doch verdecken zu können, daß dieses blasse Ideal kein Fleisch und Blut besitzt. Diese Selbsttäuschung ethischer Frömmigkeit zerreißt mit rauher Hand in der Gegenwart die homogene absolute Demokratie. Es ist sehr wichtig zu verzeichnen, daß auch in solchen Ländern, die von faschistischen und kommunistischen Bewegungen verschont sind wie Schweden die Demokratie in steigendem Maße die Tendenz zeigt, auch die eigenen Verfassungseinrichtungen auszuhöhlen und in ihrer Wirksamkeit in Frage zu stellen. Gegenüber dem Willensausdruck der homogenen Demokratie, gegenüber der Realpräsenz der volonté générale können transzendente formale Gesetzlichkeiten sich nicht behaupten. Die fast überall in Europa zu verzeichnende Tendenz zur Antastung der richterlichen Unabhängigkeit durch Presse und Parlament liegt in der gleichen Linie. Eine verfassungsmäßige Selbstbeschränkung wird objektiv sinnlos. Die Verfassungsentwicklung erweist sich also von der Entwicklung des Substanzbegriffs abhängig. Am sichtbaren Ende einer langen verfassungsgeschichtlichen Entwicklung tritt im Substanzproblem ein lange Zeit gleichsam unterirdisch strömendes Element wieder auf, das wir am gedanklichen und geschichtlichen Beginn des Staates scheinbar verlassen hatten. Damit ist ein Moment erreicht, welches den Rahmen der formellen Staatslehre bereits überschreitet. Wohl aber muß festgestellt werden, daß auf Grund gewisser metaphysischer Voraussetzungen alle, auf Grund gewisser anderer nicht mehr alle Elemente eines entfalteten Staatsbegriffs darstellbar sind.

Die Untersuchung endete auf der Ebene der Ontologie am Schlusse des 3. Kapitels mit der Frage nach dem den Staat letztlich rechtfertigenden höchsten Wert, seiner Geltung und Herrschaft. Von der Identifikation mit einem solchen, und zwar gleichviel welchem höchsten Wert hing es ab, ob der konkrete Staat die vollen Merkmale der Souveränität aufweist und verwirklicht. Am Ende der soziologischen Untersuchung steht entsprechend die Frage nach der Identifikation seiner Repräsentanten mit einem inhaltlich substantiell bestimmten Gehalt, einem nicht transzendenten, sondern immanenten Wert. Beide Fragestellungen ergänzen sich daher, aber führen beide über den Rahmen der Staatslehre selbst hinaus, die ohne diese metapolitische Grundlage nicht mehr ist als ein hohles Gerüst, eine logisch formale Schale.

C. Ordo — Aristokratie

Zwischen Monarchie und Demokratie steht die Aristokratie als verbindende Zwischenstufe, aber mit wesentlichen Unterschieden, die sie zugleich in grundsätzlichen Gegensatz zu beiden stellen. Weder Monarchie noch Demokratie, weder König noch Volk können genau genommen im Staatsleben etwas Wesentliches selbst tun. Der König hat die Initiativstellung, eine Funktion von höchster schöpferischer Bedeutung, aber er ist zugleich auf die Menschen angewiesen, die seine Pläne durchführen. Das Volk kann als ultima ratio bejahen oder verneinen, aber es kann nicht planmäßig handeln. Auch jede Initiative aus dem Volke heraus ist an das Vorhandensein von dauernden oder zeitweiligen Führern gebunden. Der Zwang, sich eine Führung zu schaffen, ist die ewige Enttäuschung aller idealistischen Revolutionäre, die nach dem Siege plötzlich sehen, daß sie an Stelle der alten verhaßten Bonzen nur neue eingetauscht haben, nicht besser, ebenso menschlich und fragwürdig, und meist mangels Tradition, Sachkunde und Sauberkeit nur noch schlimmer. König und Volk brauchen als Exekutive ihres Willens immer eine Dienerschicht. Alle Elite, alle Aristokratie wird allein durch den

Gedanken des Dienstes zusammengehalten und gerechtfertigt. Der Verfall des Adels setzte ein, als er ausgangs des 15. Jahrhunderts seiner politisch-kriegerischen Dienstfunktion beraubt und zur ökonomischen Beschäftigung gezwungen wurde. Er erhob sich wieder zu politischen und sozialen Leistungen, soweit er in den Dienst des neuen absoluten Fürstentums oder in England in den Dienst der Parlamentspolitik gestellt wurde. Abgelebt hatte sich nur die ältere Form der Politik und Kriegsführung, und dieser Änderung wurde der Adel gezwungen sich anzupassen. Im Grunde freilich wußte der Absolutismus mit einem freien Adel nicht viel anzufangen. In Frankreich und Spanien wurde er weitgehend zur politischen Untätigkeit verdammt, in Preußen in den Heeresdienst gezwungen, aber damit zugleich aus seinen weitreichenden überstaatlichen Beziehungen herausgerissen und in seinem Blickfeld gefährlich eingeengt. Der englische Adel erlangte seine große Wirksamkeit im 18. Jahrhundert durch die Entmachtung der Krone.

Monarchie und Demokratie sind also in erster Linie nicht Funktionsträger, sondern legitimierende Prinzipien. Dabei hat die Monarchie die Wirkungsmöglichkeit der Einzelperson vor der Demokratie noch voraus; diese ist wie die Rechtsprechung im Schema der Gewaltenteilung en quelque façon nulle, da sie auch immer nur von der Initiative der einzelnen leben kann. Es ist daher ein grundsätzlich sehr richtiges Bestreben der amerikanischen Demokratie, die Urabstimmung der Wähler für die Aufstellung der Wahlkandidaten unangetastet frei zu halten und diese Auswahl nicht den Cliquen der Parteimaschinerie zu überlassen. Damit ist wenigstens das Maß der Spontaneität gerettet, zu dem auch in modernen und größeren Verhältnissen die Demokratie fähig ist.

Wie in einer Tropfsteinhöhle bilden sich nun notwendig von oben und von unten Funktionär-Hierarchien. Dies tritt zunächst am deutlichsten im Dualismus des Ständestaates hervor; hier gibt es Beamte des Fürsten und solche der Stände, ja sogar unter Umständen zwei Heere und getrennte Gebiete. Dieser unerträgliche Auseinanderfall der Staatsgewalt mußte freilich zwangsläufig überwunden werden. Eines der wenigen Rechtsinstitute, in der diese Doppelung zu fruchtbarer Wirkung vereint war, ist das Amt des preußischen Landrats gewesen. Dieser war in der Regel nicht ein von außen geschickter Bürokrat, sondern ein angesehener und angesessener Mann aus dem Kreise, der vom Kreistag dem König oder vom König dem Kreistag präsentiert wurde und der Wahl bedurfte. Hier verband sich Vertrauen von oben und unten. Diese Konstruktion wurde bereits gefährdet, sobald das Amt des Landrats zum Sprungbrett für eine Verwaltungskarriere wurde, wogegen sich Bismarck in richtiger Erkenntnis heftig gewehrt hat. Formell wurde diese altständische Einheit eigentlich erst 1933 aufgehoben, als der Nationalsozialismus die Landräte einseitig zu Vertrauensleuten der Staats- und Parteiführung ausbildete. Damit war die Einheit zerschlagen, auf welcher die Fruchtbarkeit und das Ansehen des Amtes beruhte. Dies ist nun gegenwärtig in der freien Landratswahl mechanisch in das Gegenteil umgekehrt worden. Der Erfolg ist, daß der Einfluß der Regierung auf die Durchführung der Gesetze und ihrer Richtlinien in Frage gestellt ist. Die Regierungskoalition ist infolgedessen gegen die demokratische Theorie bestrebt, durch Einschränkung der freien Wahl von Landräten aus den Oppositionsparteien und Sicherung der Wahl koalitionstreuer Landräte die Einheitlichkeit und Schlagkraft der Verwaltung wenigstens einigermaßen sicherzustellen. Diese Einzelfrage ist von ziemlich grundsätzlicher Bedeutung. Der dialektische Gegensatz zwischen Führung und Volk tritt hier als unausweichlich und unaufhebbar in den Gegensatz zwischen Gesamtwillen und Teilwillen wieder hervor.

Die Exekutive ist also in Monarchie und Demokratie gleichermaßen fast alles — aber zugleich auch gar nichts: Denn sie ist nichts aus sich selbst, nichts aus eigenem Recht. Die Schwäche und der Grundirrtum des preußischen Staatsdenkens lag in dem Versuch, König und Volk gleichermaßen zu verbeamten. Die Folge war, daß beide ihrer politisch legitimierenden Funktionen beraubt wurden. Dies hat theologische Ursachen, die hier nicht interessieren. Der so oft gerühmte Satz, daß der König der erste Diener des Staates sei, hat viel dazu beigetragen, den Staat zu einer selbstgesetzlichen Maschinerie zu machen. Die typische Verwechslung von guter Verwaltung und guter politischer Führung rührt daher. Bethmann-Hollweg war ein ebenso hervorragender Verwaltungsbeamter wie ein schlechter Politiker. Die vollendete Technik des Staatsdienstes ersetzt nicht die politische Produktivität, ja sie führt noch nicht einmal auf sie zu, so sehr Sachkunde vonnöten ist und so verheerend das Ignorantentum der Demagogen ist.

In jedem System besteht also ein Zwang zur Elitebildung; aber diese bildet sich nicht frei als eine Gemeinschaft der Qualifizierten, sondern kristallisiert sich an den Notwendigkeiten und Leistungen des Dienstes. In ihr kehrt ebenso unausweichlich der ursprüngliche Dualismus der Staatswirklichkeit wieder. Auch bei Ausschaltung aller personaler Führungsformen ergibt sich der Gegensatz zwischen dem föderalen Aufbau von unten und der Vertretung des Gesamtwillens von oben. Da dieser notwendig nur einer ist, tritt er als solcher an die Stelle der Monarchie. Erst deren Fortfall zwingt zu unitarischen Bewegungen der Massen. Andererseits ist eine extreme Föderalisierung annähernd gleichbedeutend mit der Auflösung des Gemeinwillens. Frankreich, das klassische Land der Theorie der volonté générale hat jenen Föderalismus radikal vertilgt, den es als demokratisch Deutschland aufzuoktroyieren trachtet. Das Gleichgewicht von Einheit und Föderalismus ist ebenso unerläßlich wie zwischen Persönlichkeit und Gemeinwillen, zwischen institutio und consensus, zwischen Willen und Substanz.

Das besondere Merkmal aller Elitebildung liegt darin, daß diese das Bewußtsein der Gesamtheit repräsentiert und fortbildet. Der Elite gehört an, wer in der Lage ist, sich bewußte Rechenschaft über die gemeinschaftsbildenden Werte zu geben, in ihrem Bewußtsein zu leben. Sie ist damit im eigentlichen Sinne der Träger der geistigen Fortpflanzung, in deren Rahmen die geschichtlichen Gegensätze ausgetragen werden.

Aus der nur entscheidungsfähigen, aber nicht handlungsfähigen, gewissermaßen gliedlosen Gesamtheit wachsen wie gezeigt immer Schichten von Funktionsträgern hervor. Die Formen dieser Elitebildung sind sehr verschiedene, aber doch unter gemeinsamen soziologischen Begriffen beschreibbar. Sie steigen zwar aus der Gesamtheit wie aus einem Mutterboden hervor, aber mit der Folgerichtigkeit der Pflanze wachsen sie geradlinig nach oben dem Lichte zu. Das Licht, dem sie alle zustreben, ist stets ein höchster Wert, das über ihnen steht wie der Himmel über der Erde. Was seinen Inhalt ausmacht, ist freilich denkbar verschieden. Aber keine Geschichtsphilosophie der Immanenz entgeht dem soziologischen Gesetze der Transzendenz, auch nicht die radikalste. Die Entwicklung dieser Gehalte vollzieht sich nach inneren Gesetzen, deren Darstellung der Gegenstand des besonderen Teils dieser Arbeit ist.

9. Kapitel

Formen der Integration

Persönliche, funktionale und sachliche Integration

Der Begriff der Integration ist von Rudolf Smend in seiner schon erwähnten Schrift „Verfassung und Verfassungsrecht" mit solchem Erfolge in die Staatslehre eingeführt worden, daß er fast bis zur Bedeutungslosigkeit Allgemeingut geworden ist. Integration als ein dynamisch-politischer Grundvorgang alles staatlichen Lebens, kehrt auch ohne Verwendung des terminus technicus notwendig in dieser Arbeit überall dort wieder, wo die Bildung staatlicher Gemeinsamkeit in Rede steht, in der Bündigung und Einung bei der Entstehung, bei der Traditionsbildung in der Erhaltung, in Staatssymbolik und Staatsliturgie in der Darstellung der Funktionen des Staates, in der Zusammenordnung politischer Grundelemente im Verfassungsproblem. Damit sind jedoch Merkmale und Bedeutung dieser Erscheinung nicht erschöpft. Sie besitzt parallel zu den Entwicklungstendenzen des Staates, sozusagen seinem Stilwandel folgend, auch eine Eigenbewegung ihrer Formen. Was Integration darüber hinaus eigentlich materiell-inhaltlich ist, welche Kraft in ihr wirksam ist, welcher Sauerteig das Mehl des Staates treibt, gehört zu jenen Vorfragen und Voraussetzungen, die zugleich über Begriff und Wirklichkeit des Staates hinausweisen.

Den Verfassungselementen entsprechen auch bestimmte Hauptformen der Integration aus der ihnen wesensgemäßen Formen der Menschenbindung. Charismatischen und persönlichen Führungsformen entspricht auch die persönliche Integration. Sie ist in ursprünglichen Formen des Gefolgschaftswesens losgelöst von allen Sachgehalten. Der Gefolgsmann kämpft an jedem Ort und für jeden von seinem Herrn gewiesenen Zweck — für die Herrlichkeit seines Herrn, die zugleich ihn selbst erhöht. Demgegenüber stellt das Lehnwesen durch die Verknüpfung von Belehnung mit Besitz und Beauftragung mit einem Amte bereits eine beschränkte Versachlichung dar, die aber noch in die streng persönliche, existentielle Form eines das ganze Leben umfassenden Treueverhältnisses gekleidet ist. Beides ist auch noch in den neuzeitlichen Formen des Berufsbeamten und des Offiziers verbunden, aber der Schwerpunkt ist bereits in das Sachliche verschoben. Damit ist man schon weitgehend in den Bereich der funktionalen Integration eingetreten. Aus der Erkenntnis des Erlahmens personaler und traditionaler Bindungen suchte man aus dieser Not eine Tugend zu machen und eine ergänzende Kraft zu gewinnen, die den Mangel wieder ausglich, der durch die Entpolitisierung der alten Stände eingetreten war. Dieses Unternehmen ging und geht überall von der Erfahrung aus, daß verantwortliche Beteiligung eine starke Bindungskraft besitzt. Der Versuch, jedermann mitverantwortlich in eine umfassende direkte Organisation des Staates einzubeziehen, entspricht dieser Erkenntnis. Auf dieser Achse liegen alle dem romanischen Zentralismus widerstrebenden Kräfte, die Ideen der Selbstverwaltung englischer und deutscher Richtung, die Ständetheorien des 19. und 20. Jahrhunderts und die korporativistischen Versuche des Faschismus und Syndikalismus. In diesen modernen Versuchen liegt indessen eine gewisse Selbsttäuschung. Diese Formen allgemeiner Mitverantwortung, die Verallgemeinerung des Amtsgedankens tragen doch immer einen statisch-bewahrenden Charakter und sind Zwischenlösungen im Fluß der Geschichte. Geschichtsbildenden, dynamischen Charakter tragen in der Gegenwart in Wahrheit sachliche Momente gemeinsamer Interessen und rationaler Ideologien, also Momente der sachlichen Integration.

Die verbreitete Vorstellung, daß eine fortschreitende Versachlichung der politischen Beziehungen eine unvermeidliche Entwicklung darstellt, hat nur die entscheidende Tatsache übersehen lassen, daß in Wahrheit Interessen keine echten Bindekräfte darstellen. Der kollektivierte Egoismus steigert zwar die Kräfte ebenso ins Ungeheure wie die Technik der modernen Wirtschaft, zerreißt aber zugleich die Bindungen, die deren Synthese und damit allein ihre echte Befriedigung und Befriedung ermöglichen. Der Sachgehalt, der inhaltliche Zweck, ist Gegenstand der schöpferischen Initiative, des Königs wie des Kanzlers, ebenso wie des Dienstes aller der Gesamtheit besonders Verpflichteten. Aber er wirkt in einer merkwürdigen Paradoxie in seiner rationalen Begrenzung nur scheidend. Ob ein nach sachlichen Zielen ausgerichtetes Parteiwesen seine Funktionen erfüllen kann, hängt gerade von dem Maße des das Parteiwesen überwindenden Gemeingeistes, von dem ruhenden Bestande der unbestrittenen Grundlagen ab. Nur in deren Rahmen vermögen die Gegensätze ihre befruchtende Wirkung auszuüben.

Jener Prozeß der Versachlichung politischer Beziehungen ist allein im Lande der Mäßigung, in England, soweit als möglich seiner zerstörenden Wirkung entkleidet worden. Er hat jedoch in der gesamteuropäischen Entwicklung einen deutlichen Ausgangs- und Endpunkt. In der römischen Kirche ist eine völlige Identifikation von Person und Sache vorhanden. Die sakramentale Amtsgnade verwandelt den Menschen und die materielle Welt. Nach der Lehre des Bolschewismus, dem System der reinen unpersönlichen Dialektik der Ökonomie, verwandelt die Materie den Menschen. Hier liegt ein absoluter und kontradiktorischer Gegensatz von einmaliger Reinheit vor, wie er in der Geschichte sonst nicht vorzukommen scheint. Dem entspricht eine ebenso absolute Bejahung und Verneinung des Rechtsgedankens. Zwischen beiden gibt es nur Zwischenformen, aber diese machen gerade die Entfaltung des europäischen Lebens aus, wie von der Elite in jedem System die praktische Verwirklichung abhängt. Die Entwicklung dieser Zwischenformen zeigt in der Tat einen Weg von der personalen Bindung zur sachlichen Aufgabe, bis zur schließlichen Aufhebung gegliederter Eliten durch die Verallgemeinerung ihres Gehalts.

Am Substanzbegriff scheiden sich also die größten politisch-sozialen Erscheinungen des Abendlandes. Der metaphysische Hintergrund politischer Entscheidungen zeigt sich hier ebenso deutlich wie auf der Ebene der Ontologie in den Grundlagen des Völkerrechts, in der Teleologie in den Problemen des sittlichen Gemeinbewußtseins. Damit rückt sichtbar an diesen Anschlußstellen die Kirche aus dem Rang einer Religionsgesellschaft — einer subjektiven Glaubensgemeinschaft von öffentlicher Unverbindlichkeit — wieder ein in die Stelle einer notwendigen und zentralen geistigen Funktion innerhalb der Ökonomie des sozialen Lebens.

Weitere Schriften des Verfassers:

Menschenrechte und moderner Staat

Origo-Verlag Zürich 1948 und Verlag Lembeck, Frankfurt a. Main, 1949
dort: Heft 1 der Schriftenreihe der Evangelischen Akademie in Hessen und Nassau

Krise des Strafrechts — Krise des Richteramts

Furche-Verlag, Tübingen, 1948
(In Band 26 der Schriftenreihe der Evangelischen Akademie
Bad Boll, „Gerechte Ordnung")

Politische Gerichtsbarkeit

Der Irrweg der Entnazifizierung und die Frage des Verfassungsschutzes
Mit einem Nachwort von Bundestagspräsident Dr. Hermann Ehlers
Verlag Kirche und Mann, Gütersloh, 1950

Naturrrecht und christliche Existenz

Joh. Stauda-Verlag, Kassel
(in Vorbereitung)

Printed by Libri Plureos GmbH
in Hamburg, Germany